마셜 로젠버그의 Q&A 세션

비폭력대화와 사랑

비폭력대화와 사랑

마셜 로젠버그의 Q&A 세션

1판 1쇄 발행일 2018년 5월 25일
1판 2쇄 발행일 2023년 10월 2일

지은이 마셜 B. 로젠버그
옮긴이 이경아
펴낸이 캐서린 한
펴낸곳 한국NVC출판사

등록 2008년 4월 4일 제300-2012-216호
주소 (03035) 서울시 종로구 자하문로17길 12-9(옥인동) 2층
전화 02-3142-5586 **팩스** 02-325-5587
이메일 book@krnvc.org
웹사이트 www.krnvc.org
대표문의 nvccenter@krnvc.org 02-291-5585

ISBN 979-11-85121-18-5 04180
ISBN 979-11-85121-12-3(세트)

* 값은 뒤표지에 있습니다.
* 잘못 만든 책은 바꾸어 드립니다.

마셜 B. 로젠버그 지음
이경아 옮김

마셜 로젠버그의 Q&A 세션

비폭력대화와 사랑

Being Me, Loving you

들어가며

오늘 무슨 일이 있었는지 아세요? 제가 저녁 일곱 시에는 이렇게 관계에 관한 워크숍을 하고 있지만, 아침 일곱 시에는 위기를 하나 넘겼습니다. 아내가 전화를 해서는 물었어요. 그것은 하루 중 언제 들어도 그렇지만, 특히 변호사가 없는 아침 일곱 시에는 정말 듣고 싶지 않은 질문이었습니다. 아내가 아침 일곱 시에 한 질문이 뭔지 아세요?

"나 때문에 깼어요?"

이 질문은 어려운 게 아니지요. 이어서 아내가 묻습니다.

"이건 정말 중요한데, 물어볼 게 하나 있어요. 내가 매력이 있나요?" (웃음)

저는 그 질문이 정말 싫습니다. 장거리 운전을 하고 집에 들어갔을 때, "집에 뭐 달라진 거 없어요?"라고 아내가 물어볼 때와 비슷합니다. 보고 또 본 다음에 제가 대답을 하지요. "아니, 없는데." 아내가 집 전체를 페인트칠해 놓았는데도 말입니다. (웃음)

가까운 관계에서 오늘 아침 아내가 한 질문 같은 것이 튀어나올 때가 있습니다. "내가 매력이 있나요?" 물론, 그런 말은 NVC가 아니라고 주장하면서 곤경에서 빠져나올 수는 있을 거예요. NVC를 하는 사람이라면 누군가에 대해 '어떠어떠하다'라고 규정할 리가 없으니까요. 누구도 옳거나 그르지 않듯, 매력이 있거나 매력이 없거나 하지 않습니다. 하지만 아내는 그런 말에 만족하지 않는다는 걸 알고 있는 터라, 저는 이렇게 말했습니다.

"당신이 매력이 있는지 없는지 알고 싶어요?"
"네." 그녀가 대답했어요.
"어떤 때는 매력적이고 어떤 때는 그렇지 않아요. 나, 다시 자러 가도 되겠어요?" (웃음)

아내는 제 대답을 좋아했어요. 하나님, 감사합니다! 제가 좋아하는 책 중에 그린버그(Dan Greenberg)가 쓴 『자기 자신을 비참하게 만드는 법』이 있는데, 그 책에 이런 대화가 나옵니다.

"당신, 나를 사랑해요? 음, 이건 나한테 아주 중요한 문제예요. 생각해 봐요. 나를 사랑해요?"

"응."

"제발, 정말 중요한 문제라니까요. 잘 생각해 봐요. 당신, 나를 사랑하나요?"

(잠시 침묵 후) "응."

"그럼 왜 망설인 거죠?" (웃음)

사람들은 생각하고 소통하는 방식을 바꿀 수 있습니다. 자기 자신을 지금보다 훨씬 더 존중할 수 있고, 스스로를 미워하지 않으면서 자기가 한 실수로부터 배울 수 있습니다. 우리는 사람들에게 그 방법을 가르칩니다. 어떻게 하면 가장 가까운 사람들과 더 깊은 친밀감을 누리면서 유대관계를 맺을 수 있는지 보여 줍니다. 의무감이나 책임감, 죄책감이나 수치심처럼 친밀한 관계를 망치는 동기들에 사로잡히지 않고, 즐거운 마음으로 서로 주는 관계를 만들어 가는 과정을 안내합니다. 또, 일터에서 어떻게 서로 협업할 수 있는지도 보여 줍니다. 위계적인 지배 구조를 바꾸어, 삶에 기여하는 방법에 관한 비전을 공유하는 협력 공동체로 변화시키는 방법을 제시합니다. 그리고 전 세계의 수많은 사람들이 이 일을 할 수 있는 거대한 에너지를 가지고 있다는 사실에 우리는 신이 납니다.

차 례

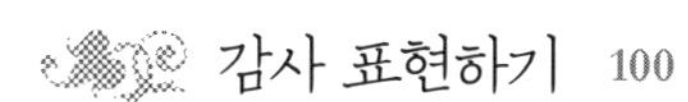

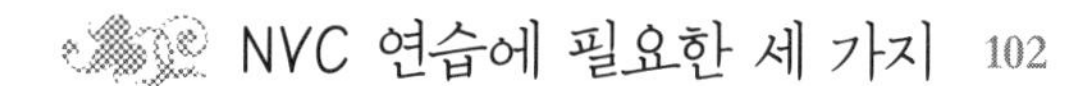

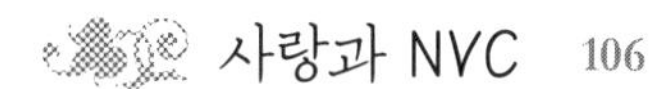

전형적인 갈등

참가자 A 마셜, 남자와 여자 사이에 일어나는 주된 갈등, 주요 쟁점이 뭐라고 생각하세요?

마셜 글쎄요, 워크숍을 하다 보면 많이 듣는 말인데요. 여성들이 저한테 와서 한결같이 이런 말을 해요. "마셜, 오해하지 말고 들어 주세요. 우리 남편은 정말 좋은 사람이에요." 물론, 짐작대로 그다음 말은 늘 "그런데"죠. "그런데, 저는 그 사람 느낌이 뭔지 정말 모르겠어요." 물론 예외는 있지만, 이 행성 남자들은 감정 표현에 관한 한 존 웨인 학교를 나왔습니다. 클린트 이스트우드나 람보 학교도 같은 사단이죠. 존 웨인 같다고 꼬리표를 붙일 만한 그 사람은 영화 속에서 선술집으로 걸어 들어갈 때, 자기 내면에서 무슨 일이 일어나고 있는지를 말하지 않아요. 그는 총구가 자신을 겨누고 있을 때조차도 절대로 "무서워."라고 말하지 않습니다. 여섯 달 동안 사막에 나가 있더라도 "외로워."라는 말은 절대로 하지 않을 겁니다. 그렇다면 존은 어떻게 소통을 할까요? 존은 사람들에게 꼬리표를 붙임으로써 소통을 합니다. 그건 아주 단순한 분류 시스템이죠. 사람은 좋은 사람 아니면 나쁜 사람입니다. 좋은 사람에게는 술을 사고, 나쁜 사람은 죽이면 되지요.

저도 기본적으로 그런 소통 방식을 배웠지만, 그래서는 자신의 감정과 연결하는 법을 배우지 못합니다. 만약 한 사람이 전사로 길러졌다면, 그 사람은 자신의 느낌을 의식에서 멀리하고 싶어 할 거예요. 인형놀이를 하고 자란 여성이 전쟁놀이를 하고 자란 전사와 결혼하는 일은 그다지 풍요로운 경험이 못 됩니다. 여자는 친밀감을 원하지만, 남자는 친밀한 관계를 맺는 데 도움이 될 어휘를 가지고 있지 않습니다.

그 반면에, 여자들은 자신의 욕구를 명료하게 의식하도록 교육받지 못했습니다. 여성은 몇 세기 동안이나 자신의 욕구를 부정하고 타인의 욕구를 보살피도록 교육받았습니다. 그래서 여자들은 남자의 리더십에 의존하곤 합니다. 여자가 원하는 것을 남자가 알아서 실현하고 돌봐 주기를 기대합니다. 제가는 보는 것이 이런 쟁점들입니다. 물론, 개인차도 분명히 있기는 하지만요.

참가자 A 남자와 여자 사이에 일어날 법한 일을 가지고 역할극을 해 봐요. 선생님께서 상황 설정을 해 주시겠어요? 둘이 어떤 일로 제일 많이 싸우는지 아시니까요.

마셜 글쎄요, 제일 흔한 갈등은 여자가 남자에게 이렇게 말하는 거예요. "나는 원하는 만큼 당신과 연결되었다는 느낌이 들지 않아요. 난 정말 당신하고 좀 더 정서적인 유대감을 느끼고 싶어요. 내 말을 들으니 어떤 느낌이 들어요?" 그러면 남자는 말하죠. "뭐라고?"

참가자 A 제가 남자 역할을 할게요.

● 역할극이 시작된다.

참가자 A(남자 역할) 도대체 당신이 원하는 게 뭐요? 내가 어떻게 하기를 바라는 거야?

마셜(여자 역할) 방금 그런 것처럼 나한테 묻지 말고, 당신 느낌이 어떤지 말해 주면 좋겠어요. 예컨대, 내 말 때문에 마음이 아프다든지, 화가 난다든지, 무섭다든지.

참가자 A(남자 역할) 모르겠는데.

마셜(여자 역할) 바로 그거예요. 당신이 자기 느낌을 모를 때, 나는 안전하고 믿음이 간다고 느끼기가 어려워요.

참가자 A(남자 역할) 어, 나는 당신이…… 당신이 나를 비난하는 것처럼 느껴져.

마셜(여자 역할) 그러니까, 당신은 마음이 아프고, 내가 당신을 존중하고 당신이 우리 관계를 위해 해 온 일들에 대해 감사하기를 바라는군요?

참가자 A(남자 역할) 그런 것 같아.

마셜(여자 역할) 알겠어요? 당신이 처음부터 그렇게 말했다면 좋았을 거예요. 당신이 "나 속상해. 감사받고 싶어."라고 말했다면 좋았겠지요. 그런데 당신은 그렇게 말하지 않고 "당신이 나를 비난하고 있어."라고 말했어요. 그런 말을 들으면 나는 깊은 숨을 쉬고 그 말에 사로잡히지 않기 위해 애를 써야 해요. 당신 말에서 판단을 듣는 대신에, 당신이 무엇을 느끼고 무엇을 필요로 하는지를 들으려고 노력을 해야 해요. 그렇게까지 그 일에 공을 들이고 싶지 않아요. 그냥 당신이 내면에서 어떤 일이 일어나고 있는지를 말해 줄 수 있다면 정말 고맙겠어요.

참가자 A(남자 역할) 나는 내 안에서 무슨 일이 일어나고 있는지 잘 모를 때가 많아요. 당신이 내게서 원하는 게 뭐요?

마셜(여자 역할) 음, 우선은 우리가 지금 이런 대화를 나누고 있다는 것만으로도 기뻐요. 내가 원하는 것을 나 자신에게 주는 일이 얼마나 혼란스러운지를 내가 잘 알아차릴 수 있기를 바라고, 당신이 이런 내 바람을 알아주면 좋겠어요. 그것이 당신에게 얼마나 새로운 일인지 의식하려고 노력하고 있어요. 인내심을 가지고 노력하고 싶어요. 그렇지만 여전히 당신 안에서 무슨 일이 일어나고 있는지 듣고 싶어요.

참가자 A(남자 역할) 음, 지금은 당신이 무엇을 원하는지 말해 줘서 기쁜 것 같아요.

마셜 지금까지 아주 전형적인 상호작용을 보셨습니다. 남자가 여자의 말을 강요로 들을 때가 정말 많습니다.

결혼에 대하여

마셜 결혼하지 않았을 때보다 결혼했을 때 관계 맺기가 더 어렵다고 말씀드린 적이 있습니다. '결혼'의 의미에 대해 우리가 말도 안 되는 것들을 배웠기 때문입니다. 제 생각에, 함께 사는 사람을 '내 아내'라고 여기지 않을 때 훨씬 더 좋아할 수 있습니다. 왜냐하면 제가 자란 문화에서는 남자가 여자를 '내 아내'라고 일컫는 순간부터 일종의 소유물로 여기기 때문입니다.

NVC는 우리가 연결되어 가슴에서 우러나서 서로에게 줄 수 있게 하는 언어입니다. 그것은 '그러기로 되어 있기 때문에', '당연히 그래야 해야 하기 때문에', '꼭 그래야만 하기 때문에', '그러지 않을 수 없기 때문에' 같은 명분에 따라 행동하지 않는 것을 의미합니다. 죄책감, 수치심, 무의식, 두려움, 책임감, 의무감 때문에 무언가를 주는 것이 아닙니다. 우리가 그런 종류의 에너지를 바탕으로 다른 사람을 위해 행동하게 되면, 모두가 손해를 봅니다. 그런 에너지에서 나온 무언가를 받는다면, 우리는 그 대가를 지불해야 할 겁니다. 왜냐하면 거기에는 다른 사람의 희생이 들어 있기 때문입니다. 저는 우리가 가슴에서 우러나 서로에게 주는 과정에 관심이 있습니다.

어떻게 하면 가슴에서 우러나서 주는 법을 배울 수 있을까요? 그렇게 주면 마치 받는 것 같은 느낌이 들 거예요. 정말로 인간적인 방식으로 어떤 일이 되고 있을 때, 주는 사람과 받는 사람은 구별이 안 됩니다. 서로 판단하면서 상호작용할 때에만 주는 일이 별로 즐겁지 않지요.

네 가지 질문을 통해 배우기

마셜 이제 좀 적어 보실 것을 제안합니다. 제가 네 가지 질문을 드릴 거예요. 결혼했거나 파트너가 있는 분은 자기 배우자나 파트너와 이야기를 나눈다고 생각해 보세요. 다른 관계에 초점을 맞추고 싶다면 친한 친구처럼 가까운 누군가를 떠올려 보세요. 이제 제가 여러분의 NVC 파트너가 되어, NVC로 말하는 사람들이 관계, 특히 친밀한 관계와 관련해 몹시 흥미로워할 만한 질문 네 가지를 드리겠습니다. 여러분의 파트너가 질문하고 있다고 상상하면서 이 네 가지 질문에 대한 답을 적어 보세요.

첫 번째 질문은 다음과 같습니다.

"파트너 혹은 친구로서 내가 한 일 중에서 당신의 삶을 덜 멋지게 만든 일 하나를 말해 주시겠어요?"

아시다시피 저는 NVC로 살아가는 사람[1]이니까, 여러분의 삶을 풍요롭게 하지 않는 행동이나 말을 하고 싶지 않습니다. 따라서 제가 언제 여러분의 삶을 풍요롭게 하지 않는지를 알아차릴 수 있게 해 주시면 큰 도움이 됩니다. 제가 하거나 하지 않은 일 중에서 여러분의 삶을 덜 멋지게 만든 일 하나를 생각해 주시겠어요? 그 일을 적어 주세요.

이제 두 번째 질문입니다. NVC 하는 사람으로서 제가 무엇을 하면 여러분의 삶이 덜 멋져지는지도 알고 싶지만, 순간순간 여러분의 느낌과 연결하는 일도 제게는 중요합니다. 가슴에서 우러나 서로에게 주는 게임을 하려면 여러분이 무엇을 느끼는지가 결정적으로

---

1 'NVC-er'를 번역한 말이다. 'NVC-er'란 비폭력대화를 단순한 기술이 아니라 삶의 태도로 삼아 살아가려는 사람을 뜻한다. 이 책에서는 'NVC-er'를 문맥에 따라 'NVC로 살아가는 사람', 'NVC를 말하는 사람', 'NVC 하는 사람'으로 번역하거나 'NVC-er'로 그대로 남겨 두었다. — 옮긴이

중요하고, 저는 그걸 알 필요가 있습니다. 우리가 서로의 느낌에 접촉할 수 있을 때 활기가 생기니까요. 두 번째 질문은 이것입니다.

"내가 그런 행동을 할 때 당신은 어떻게 느끼나요?"

여러분의 느낌을 적어 보세요.

세 번째 질문으로 넘어가 보죠. NVC를 하는 사람으로서, 저는 욕구, 그리고 그 욕구가 어떤 상태에 있는지가 느낌의 원인이라는 점을 깨달았습니다. 욕구가 충족되고 있을 때에는 '즐거운 느낌'이라는 제목을 달 수 있는 느낌들이 듭니다. 행복한, 만족스러운, 즐거운, 지복감을 느끼는, 흡족한, ……. 그리고 욕구가 충족되지 않고 있을 때에는 방금 여러분이 적은 것 같은 종류의 느낌들이 들지요. 세 번째 질문은 이것입니다.

"당신의 어떤 욕구가 충족되지 않고 있나요?"

여러분에게 왜 그런 느낌이 드는지를 여러분의 욕구로 말해 주시기 바랍니다. "나는 ________하고 싶기 때문에(또는 ________를 원하기/바라기/희망하기 때문에) 이런 느낌이 듭니다." 이런 문장 형식에 맞춰 여러분이 원하는 바를 적어 보세요.

이제 NVC-er는 네 번째 질문으로 넘어갈 때 신이 납니다. 그것이 모든 NVC 하는 사람들 삶에서 중심에 있기 때문입니다. 그에 대한 답을 빨리 듣고 싶어요. 중요한 NVC 질문을 들을 준비가 되셨나요?

제가 여러분의 삶을 풍요롭게 하지 않는 어떤 행동을 하고 있는지, 그리고 여러분이 그 일에 대해 어떻게 느끼는지를 알아차렸습니다. 여러분의 어떤 욕구가 충족되지 않는지도 말씀해 주셨습니다. 이제 여러분의 가장 멋진 꿈을 실현하기 위해 제가 무엇을 할 수 있는지 말씀해 주세요. 이것이 NVC의 전부입니다.

"우리가 서로의 삶을 풍요롭게 하기 위해 무엇을 할 수 있나요?"

NVC란 언제든 이 네 가지를 다른 사람들과 명료하게 주고받는 것입니다. 물론, 우리의 욕구가 충족되지 않은 상황만 있는 것은 아닙니다. NVC로 "감사합니다."라고 말하기도 합니다. 다른 사람들이 어떻게 우리의 삶을 정말로 풍요롭게 했는지를 알릴 때에는 앞의 세 가지를 말해 줍니다. (1) 우리의 삶을 풍요롭게 하는 어떤 행동을 했는지, (2) 우리의 느낌이 어떤지, (3) 그 행동으로 인해 우리의 어떤 욕구가 충족되었는지. 저는 인간이 하는 말에는 기본적으로 두 가지가 있다고 믿습니다. "부탁합니다."와 "고맙습니다."라는 두 가지 말입니다. NVC 언어는 "부탁합니다."와 "고맙습니다."를 아주 분명하게 말하기 위해 만들어졌습니다. 그래야 가슴에서 우러

나서 서로에게 주는 일을 가로막는 어떤 말도 듣지 않을 수 있기 때문입니다.

비판

가슴에서 우러나서 주는 일을 거의 불가능하게 만드는 의사소통에는 주로 두 가지 유형이 있습니다. 첫 번째 유형은 비판으로 들리는 말입니다. NVC로 적어 둔 네 가지 정보를 표현하면, 듣는 사람이 자신에 대한 비판으로 들을 수 있는 말은 없습니다. 보시다시피 듣는 사람에 관해 말하는 것은 첫 번째 부분에서 그들이 한 행동을 언급할 때가 유일합니다. 그 행동에 대해 비판하지 않으면서, 단지 거기에 그들의 주의를 환기시킵니다. 나머지 세 부분은 모두 자기 자신에 관한 것입니다. 자신의 느낌, 자신의 충족되지 못한 욕구, 그리고 자신의 부탁. 만약 듣는 사람이 비판으로 들을 수 있는 말이 있다면, 그것은 아마 여러분이 약간의 판단을 그 네 가지 요소에 섞어 버렸기 때문일 겁니다.

'비판'은 공격, 판단, 비난, 진단, 혹은 머리로 사람을 분석하는 말들입니다. 네 가지 질문에 대해 NVC로 대답하셨다면, 바라건대 거기에는 듣는 사람이 비판으로 듣게 되는 말은 없을 겁니다. 그러나 만약 듣는 사람이 이 귀(마셜이 판단하는 귀를 쓴다)를 가지고 있다면, 우리가 무슨 말을 하든지 그들은 비판을 들을 것입니다. 오늘 밤에는 그런 일이 일어났을 때 어떻게 그 혼란을 말끔히 청소할 수 있는지를 배우려고 합니다. 우리는 판단하는 귀를 가진 사람을 포함하여 모든 사람에게 NVC로 말할 수 있기를 원하니까요.

강요

가슴으로 주는 우리의 능력을 가로막는 두 번째 장애물은 조금이라도 강요가 들어 있는 말입니다. NVC로 사는 사람은 적어 놓은 네 가지 정보가 듣는 사람에게 강요나 명령이 아닌, 선물이 되기를 원합니다. 줄 수 있는 기회를 선물로 주는 것이지요. NVC 언어에는 비판이나 강요가 없습니다. '당신이 기꺼이 그렇게 할 수 있을 때에만 이것을 해 주세요.'라는 의도가 충분히 전달되는 방식으로, 다른 사람들에게 우리가 원하는 것을 이야기합니다. 여러분을 희생해야 한다면, 저를 위해 어떤 일도 하지 말아 주세요. 두려움, 죄책감, 수치심, 억울함, 체념이 조금이라도 동기가 된다면, 저를 위해 어떤 일도 하지 말아 주세요. 그렇지 않다면 우리는 둘 다 고통을 겪게 될 거예요. 가슴에서 우러나올 때에만 제 부탁을 들어주시기 바랍니다. 가슴에서 우러나 주는 일은 여러분 자신에게도 선물이 되니까요. 어느 쪽도 지거나, 굴복하거나, 포기하는 것처럼 느끼지 않을 때에만 양쪽 모두가 그 행동으로부터 이득을 얻을 수 있습니다.

가슴으로 받아들이기

NVC에는 두 가지 측면이 있습니다. 하나는 상대방이 비판이나 강요를 듣지 않도록 네 가지 정보를 말하고 전달하는 능력입니다. 또 다른 측면은 상대방이 판단하는 말을 하든 NVC로 말하든 상관없이, 상대편으로부터 이 네 가지 정보를 받아들이는 법을 배우는 것입니다. 상대방이 NVC로 말한다면, 우리 삶은 훨씬 편안해질 것입니다. 사람들이 이 네 가지 정보를 명료하게 말하면, 우리는 반응하기 전에 그 정보를 정확하게 받기만 하면 됩니다.

그러나 상대편이 판단하는 말을 한다면, 우리는 NVC 귀를 쓸 필요가 있습니다.(마셜이 NVC 귀를 쓰자 웃음이 터져 나옴) NVC 귀는 일종의 번역기입니다. 상대방이 무슨 말을 하더라도, 이 귀를 쓰고 있으면 우리는 NVC만을 듣습니다. 예컨대, 누가 "당신의 문제는 ______야."라고 말하면, 이 귀는 "내가 원하는 것은 ______야."로 듣습니다. 어떤 판단이나 비판이나 공격도 들리지 않습니다. 이 귀를 쓰면 모든 비판이 충족되지 못한 욕구의 비극적 표현임을 깨닫게 됩니다. 비판이 비극적인 것은, 비판하는 사람이 원하는 것을 가져다주는 대신에 온갖 종류의 긴장과 문제만을 야기하기 때문입니다. NVC를 사용하면 우리는 이 모든 것을 건너뛸 수 있습니다. 어떤 비판도 듣지 않고, 단지 충족되지 못한 욕구만을 듣습니다.

NVC로 듣고 응답하기

이제 누군가가 판단하는 말을 할 때 NVC로 듣기를 연습합시다. 우리 모두가 배울 수 있도록, 몇 분이 자기 상황을 자원해서 말씀해 주시기 바랍니다. 써 놓은 걸 읽어 주시면 NVC로 대답을 하신 건지, 아니면 판단하는 말이 좀 섞여 있는지 함께 알아보려고 합니다. 첫 번째 질문은 이것입니다.

"내가 한 일 중에서 당신의 삶을 멋지지 않게 만든 일이 무엇인가요?"

참가자 B 당신은 내 말을 듣지 않는 것 같아.

마셜 "당신은 ~한 것 같아." 질문에 NVC로 답하지 않고 계시다고 바로 말씀드릴 수 있겠습니다. "당신은 ~한 것 같아."라는 말 속에는 일종의 진단이 들어 있으니까요. "당신은 내 말을 듣지 않는 것 같아." 그건 하나의 진단이지요. 한 사람이 "너는 내 말을 듣지 않아."라고 말하면, 다른 사람이 "듣고 있거든!" 하고 반박하는 광경을 보신 적이 있지요? "아니, 당신은 듣지 않아!" "아니,

듣고 있거든!" 이런 식으로 전개되지요. 우리가 관찰이 아니라 비판으로 대화를 시작할 때 이런 일이 일어납니다. 선생님으로 하여금 제가 선생님 말을 듣고 있지 않다고 해석하게 만든 저의 행동을 말해 주세요. 선생님이 말하는 동안 신문을 읽거나 텔레비전을 보면서도 이야기를 듣고 있을 수 있잖아요.

참가자 B 나는 당신이 TV를 보고 있는 것을 관찰하고 있어요.

마셜 선생님 파트너가 NVC로 듣지 않는다면, 바로 공격으로 들을 수 있습니다. 그렇지만 NVC 귀를 가진 파트너가 되어 보겠습니다. 저는 비판을 듣지 않습니다. 다만 선생님이 반응하고 있는 행동이 무엇일지 짐작할 뿐입니다.

마셜(남편 역할) 당신이 말하는 동안 내가 텔레비전을 보고 있다는 사실에 대해 말하는 건가요?

참가자 B 네.

마셜(남편 역할) 당신이 말할 때 내가 텔레비전을 보고 있으면, 당신은 어떤 느낌이 드나요?

마셜 (참가자에게 다가서며) "듣지 않는 것 같아."라고 대답하지 마세요. 그건 또 하나의 판단을 슬쩍 집어넣는 일에 불과하니까요.

참가자 B 좌절스럽고 속상해요.

마셜 이제 점점 요리가 돼 가고 있네요!

마셜(남편 역할) 그렇게 느낀 이유를 말해 줄 수 있을까요?

참가자 B 존중받기를 원했으니까요.

마셜 전형적인 NVC가 되었네요! "당신이 텔레비전을 보고 있기 때문에, 내가 좌절스럽고 속상해요."라고 말하지 않았다는 점을 주목해 주세요. 그녀는 자신의 느낌에 대해서 나를 비난하지 않고 있어요. 자신의 느낌을 자기 욕구의 결과로 돌리고 있지요. "나는 ______를 느껴요. 왜냐하면 나는 ______하기 때문에." 판단하는 사람들은 자기 느낌에 대해 이런 식으로 표현할 거예요. "내가 말하고 있는데 당신이 텔레비전을 보고 있으면, 나는 마음이 아파요." "나는 ______를 느껴요. 왜냐하면 당신이 ______하기 때문에."가 되는 거지요.

이제 네 번째 질문으로 가 볼까요?

"당신의 삶을 멋지게 만들기 위해 내가 무엇을 하기를 원하세요?"

참가자 B 우리가 대화할 때 내 눈을 봐 주고, 또 당신이 들은 대로 다시 말해 준다면 정말 고마울 거예요.

마셜 좋아요. 여러분 모두 네 가지를 들으셨나요? 내가 말하고 있을 때 당신이 텔레비전을 보면, 나는 좌절감이 들고 속상해요. 왜냐하면 내 말을 중요하게 여기고 주목해 주기를 내가 정말로 원하기 때문이에요. 내가 말하는 동안 내 눈을 봐 주시겠어요? 그리고 내 말을 어떻게 들었는지 다시 한 번 말해 주세요. 그것이 내 진심이 아니면 바로잡을 수 있는 기회를 가질 수 있도록 말이에요.

물론, 상대방이 이 말을 비판으로 듣고 자신을 방어하면서, “듣고 있어요. 텔레비전을 보면서도 당신 말을 들을 수 있어요.”라고 말할지도 모릅니다. 아니면 그 말을 강요로 듣고 이렇게 말할지도 몰라요. “(한숨을 쉬며) 알았어.” 이 대답은 그 사람이 내 말을 부탁으로 듣지 않았음을 의미해요. 우리의 행복에 기여할 기회라는 의미에서 선물이 될 수 있는 말이었는데 말이죠. 그는 강요를 들었습니다. 그가 순순히 따를 수도 있지만, 그건 당신이 흥분하는 것을 막기 위해서일 겁니다. 그건 당신이 바라는 바가 아닐 거예요. 그가 그렇게 하는 건 당신의 삶을 멋지게 만들기 위해서가 아니라, 자신의 삶이 비참해지는 것을 막기 위해서니까요.

그래서 결혼이 진정한 도전이 되는 겁니다. 많은 사람들이 사랑과 결혼은 상대방을 위해 자신을 부정하는 것을 의미한다고 배웠습니다. “그녀를 사랑한다면, 내가 원하지 않을지라도 그렇게 해야만 합니다.” 따라서 그는 그렇게 할 테지만, 당신은 그가 그렇게 하지 않기를 바랄 겁니다.

참가자 B 왜냐하면 그가 점수를 매기고 있기 때문이죠.

마셜 그렇죠. 그런 사람들은 머릿속에 컴퓨터가 들어 있어요. 12년 전에 스스로를 부정할 때 무슨 일이 일어났는지를 이야기할 때가 올 거예요. 이렇게 저렇게 그 일은 되돌아올 거예요. "내가 당신을 위해 원하지도 않는 일들을 그토록 해 왔는데, 당신은 고작 ______밖에 할 수가 없는 거야?" 맞아요. 그건 영원히 계속될 거예요. 걱정 마세요, 그들은 뛰어난 통계학자들이니까요.

역할극

강요로 듣기

참가자 C 누군가가 "텔레비전 보면서 동시에 당신 이야기를 들을 수 있어."라고 말할 때 NVC-er라면 어떻게 반응할까요?

마셜(NVC-er 역할) 내 말이 강요로 들리고, 당신은 그로부터 자유롭고 싶기 때문에 짜증이 나나요?

참가자 C 그래요. 당신은 언제나 명령을 내리지. 세상에, 어쩜 그렇게 이래라 저래라야!

마셜(NVC-er 역할) 그래서 당신은 강요에 지쳐 버린 건가요? 당신이 어떤 일을 할 때에는 해야만 할 것 같아서가 아니라 하고 싶어서 하기를 바라나요?

참가자 C 바로 그거예요.

마셜(NVC-er 역할) 나는 지금 몹시 좌절감을 느껴요. 내가 원하는 바를 당신에게 강요로 들리지 않도록 알려 주는 방법을 모르기 때문에요. 나에게는 딱 두 가지 길이 있네요. 아무 말도 안 하고 내 욕구를 포기하거나, 아니면 원하는 것을 말해서 당신이 그 말을 강요로 듣거나. 두 가지 모두 내게는 실패예요. 내 말을 들은 대로 말해 줄 수 있나요?

참가자 C 뭐라고요?

마셜 NVC를 모르는 사람들에게는 이 상황이 매우 당황스러울 거예요. 그 사람들은 강요의 세상에서 자랐으니까요. 그들의 부모님은 아마 벌주거나 죄책감을 심어 주지 않으면 자녀가 말을 듣지 않는다고 생각했을 겁니다. 다른 방법은 잘 몰랐을 거예요. 그들은 부탁과 강요의 차이를 모릅니다. 다른 사람이 원하는 일을 하지 않으면 죄책감이나 협박이 기다리고 있을 거라고 정말로 믿습니다. 그런 사람에게 제 부탁을 강요가 아니라 선물로 알아듣게 하는 것은 NVC로 살아가는 저에게도 쉽지 않은 일입니다. 그렇지만 성공만 한다면 우리는 오랫동안 이어질 고통에서 벗어날 수 있습니다. NVC 귀로 듣지 않으면 어떤 부탁도 고통스러운 일이 되어 버리니까요.

마셜(NVC-er 역할) 어떻게 말하면 당신이 강요로 듣지 않도록 내가 원하는 일을 부탁할 수 있는지 알고 싶어요.

참가자 C 모르겠어요.

마셜(NVC-er 역할) 이런 이야기를 분명하게 나눌 수 있어서 기뻐요. 나한테는 이 문제가 늘 딜레마였어요. 내가 원하는 일을 당신에게 알려 줄 때, 당신이 그 일을 반드시 해야만 한다고 이해하거나 내가 그 일을 강제로 시키겠다는 뜻으로 듣지 않게 말할 수 있는 방법을 잘 모르겠어요.

참가자 C 그렇군요. 그 점이 당신에게 얼마나 중요한지 이해가 되네요. 그리고…… 누군가를 사랑하면, 그 사람이 부탁하는 일을 해야 한다는 것도요.

마셜 사랑에 관한 당신의 정의를 바꾸도록 제가 조언 좀 드려도 될까요?

참가자 C 어떤 조언인가요?

마셜 사랑은 우리를 부정하고 다른 사람을 위한 일을 하는 게 아니에요. 사랑은 우리의 느낌과 욕구가 무엇이든 그걸 솔직하게 표현하고, 다른 사람의 느낌과 욕구를 공감으로 받아들이는 거예요. 공감으로 받아들인다는 것은 그것들에 순응해야 한다는 말이 아니에요. 상대방의 말을 그 사람한테서 오는 삶의 선물로서 그냥 정확하게 받아들인다는 것을 뜻하지요. 사랑은 우리 자신의 욕구를 솔직하게 표현하는 일입니다. 강요하지 않고 그저 "나는 이래. 나는 이런 걸 원해."라고 내어놓는 일입니다. 사랑에 관한 이런 정의가 선생님께 어떻게 느껴지나요?

참가자 C 그 정의에 동의한다면, 제가 다른 사람이 될 것 같아요.

마셜 그래요. 그럴 거예요.

제가 말을 '너무 많이' 하면 그만하라고 말해 주세요

마셜 다른 상황으로 넘어가 볼까요?

참가자 D 이따금 사람들이 감당하기 어려울 때, "네가 좀 조용히 했으면 좋겠어. 더 듣고 싶지 않아."라고 말하는 경우가 있잖아요. 상대편이 말을 너무 많이 할 때…….

마셜 NVC-er 사전에는 '너무 많이'라는 말은 없습니다. '너무 많이', '딱 맞는', '너무 적은' 같은 것이 있다는 생각에는 위험한 개념이 들어 있습니다.

참가자 D 선생님께서 하신 말씀이나 어젯밤에 다른 트레이너들 이야기에서 제가 들은 것은, 상대방이 반응할 기회를 주기 위해 가끔 말을 멈춰야만 한다는 거거든요.

마셜 "멈춰야만 한다"고요?

참가자 D 아니요, "멈춰야만 한다"는 아니고요. "멈추는 게 좋다"는 거지요.

마셜 그렇죠. 꼭 그래야 하는 건 아니지요. 그럴 수 없을 때도 많으니까요. (웃음)

참가자 D 그러니까, 친구가 저한테 뭔가 신호를 주면 좋겠는데…….

마셜 …… 친구가 듣고 싶어 하는 말보다 선생님이 한 마디라도 더 하셨을 때 말인가요?

참가자 D 예.

마셜 사람들이 우리가 듣고 싶은 말보다 더 많이 말할 때, 우리가 베풀 수 있는 최상의 친절은 그들에게 그만하라고 말해 주는 겁니다. '그들이 말을 너무 많이 할 때'라고 하지 않고 '최상'이라고 한 것에 주목해 주세요. 수백 명에게 물어본 적이 있습니다. "당신이 상대편이 듣고 싶은 말보다 더 많은 말을 할 때, 상대방이 듣는 척해 주기를 바라나요, 아니면 그만하라고 말해 주기를 원하나요?" 딱 한 명 빼고 모든 사람들이 단호하게 대답하더군요. "그만하라고 말해 주기를 원해요." 여성 한 분만 그만하라는 말을 듣고 잘 대처할 수 있을지 모르겠다고 했지요.

머리는 작동을 멈추었는데 미소를 지으며 눈을 크게 뜨고서 듣는 척하는 것은 말하는 사람에 대한 친절이 아닙니다. 여러분 앞에 있는 사람이 스트레스와 부담감의 원천이 된다면, 아무에게도 도움이 되지 않습니다. 그분도 그걸 원하지 않을 겁니다. 사람들은 자기가 하는 모든 행동과 말이 상대방의 삶을 풍요롭게 해 주기를 바랍니다. 따라서 그렇지 않을 때에는 그만하라고 말해 주는 것이 친절입니다.

그런데 실제로 그만하라고 말할 수 있으려면 용기가 필요합니다. 제가 자란 문화에서는 그래 본 적이 한 번도 없었으니까요. 제가 사회관계에서 이 위험을 무릅쓰기로 맨 처음 결정했던 순간이 기억납니다. 노스다코타(North Dakota) 파고(Fargo)시에서 몇몇 교사들과 일할 때였는데, 어느 날 저녁 친목 모임에

초대를 받았습니다. 모두 둘러앉아서 이런저런 이야기를 나누고 있었습니다. 10분이 지나자 제 에너지가 뚝 떨어졌어요. 대화에서 생동감이 느껴지지 않았고, 사람들이 무엇을 느끼는지, 무엇을 원하는지 알 수가 없었습니다. 한 사람이 "우리가 방학 때 뭘 했는지 알아요?"라고 입을 떼고 방학 이야기를 좀 하고 나면, 누군가 다른 사람이 자기 방학 이야기를 하는 식이었지요. 잠시 듣고 있다가 제가 용기를 내서 말했습니다.

"실례지만, 얘기를 더 듣고 있기가 힘드네요. 제가 원하는 만큼 여러분과 연결된다는 느낌이 안 들어요. 여러분께서 이 대화를 즐기고 계신지 아닌지를 안다면 저한테 도움이 될 것 같습니다."

혹시 참석한 분들이 대화를 즐겁게 나누고 있다면, 저도 대화를 즐길 수 있는 다른 방법을 생각해 볼 요량이었지요. 그런데 아홉 분 모두가 말을 멈추고는, 제가 펀치 그릇에 쥐라도 한 마리 던져 놓은 것처럼 저를 쳐다봤어요.

2분 정도, 죽었구나 싶었습니다. 그러다가 제가 받은 반응이 저를 기분 나쁘게 만들 수는 결코 없다는 사실을 기억해 냈습니다. 제가 기분이 나쁘다는 사실은, 제가 판단하는 귀를 쓰고서 뭔가 잘못된 말을 했다고 스스로를 판단하고 있음을 알려 주고 있었지요. NVC 귀를 쓰고 나자 침묵을 통해 표현되고 있는, 참석자들의 느낌과 욕구를 들을 수 있었습니다. 그래서 말했습니다.

"모두 저한테 화가 나신 것 같네요. 제가 그냥 대화에서 빠져 있었으면 좋았을까요?"

다른 사람의 느낌과 욕구에 주의를 돌리는 순간, 제 기분은 이미 나아져 있었습니다. 주의를 상대방의 느낌과 욕구로 돌림으로써, 저는 하마터면 다른 분들에게 주어 버릴 뻔했던 힘을 완전히 되찾아 올 수 있었습니다. 저를 의기소침하게 만들고 제 인간성을 비참하게 하고 또 완전히 바닥인 기분을 느끼게 만들 수 있는 힘 말입니다. 이번처럼 제 짐작이 틀릴 때에도 이건 진리입니다. NVC 귀를 가지고 있더라도 항상 옳은 추측만 하는 건 아니지요. 다른 분들이 화가 났으리라고 짐작했지만, 그 분들은 화가 나지 않았습니다.

맨 처음으로 한 분이 입을 열었습니다.

"아뇨, 화나지 않았어요. 선생님 말씀에 대해 잠깐 생각하고 있었습니다."

그러고는 "저도 이 대화가 지루했어요."라고 하시더군요.

바로 그분이 말을 제일 많이 하던 이였지요! 그 사실이 그렇게 놀랍지는 않았습니다. 듣는 사람이 지루하다면, 말하는 사람도 똑같이 지루하기 쉽다는 걸 알고 있었거든요. 이 상황은 우리가 삶과 동떨어진 말을 하고 있다는 것을 뜻합니다. 우리의 느낌과 욕구에 연결하지 않고, 사회에서 배운 대로 서로를 지루하게 만드는 습관에 빠져 있었던 겁니다. 중산층 사람들은 그 습관이 하도 익숙해서 그걸 알아차리지도 못하기 쉽습니다. 코미디언이자 배우인 버디 해킷(Buddy Hackett)의 말이 생각나네요. 그는 군대에 가서야 식사 후에 속이 쓰리지 않을 수 있다는 걸 알았다고 했습니다. 자기 어머니 요리에 길든 나머지, 속쓰림이 자기 삶의 한 부분이 되어 있었던 겁니다. 그와 마찬가지로, 대부분의 중산층 사람들은 지루함에 너무 길들어 있어서, 지루함이 삶의 한 방식이 되어 있다고 말할 수 있습니다. 그저 함께 어울려서 머리에서 나오는 이야기만을 주고받지요. 거기에는 살아 움직이는 것이 없습니다. 하지만 그 사람들은 그것밖에 모릅니다. 우리는 죽어 있지만, 죽어 있다는 사실조차 모릅니다.

그날 모인 사람들이 돌아가면서 소감을 나눌 때, 아홉 분 모두가 저와 비슷한 느낌을 표현했습니다. 짜증이 났다거나, 함께 있는 것이 실망스러웠다거나, 생기가 없다거나, 활력이 없다거나……. 그리고 한 여자분이 물었습니다.

"마셜, 우리가 왜 그랬을까요?"

"무엇을 말입니까?"

"둘러앉아서 서로를 지루하게 만들며 지내 왔어요. 선생님은 오늘 밤에만 여기 계셨지만, 우리는 매주 이 짓을 했어요!"

제 대답은 이렇습니다.

"그건 아마도 우리가 위험을 무릅쓰는 법을 배운 적이 없기 때문일 겁니다. 방금 제가 보여 드린 것처럼, 우리가 가진 생명력에 주의를 기울일 때 그 일이 가능합니다. '우리가 정말로 삶에서 원하는 것을 얻고 있나? 만약 그렇지 않다면, 무엇이든 하자.' 모든 순간은 소중합니다. 너무 소중합니다. 그러니까, 우리의 생명력이 떨어졌을 때에는 무엇이든 해서 깨어납시다."

“도대체 내가 어떻게 했으면 좋겠어요?”

참가자 E 마셜, 우리 여자들이 남자들하고 같이 있을 때 곧잘 일어나는 일을 생각해 봤어요. 같이 드라이브라도 나갔을 때 우리가 “와, 저 집, 참 예쁘지 않아요?”라거나 “저 호수 좀 봐요. 정말 가 보고 싶네요.”라고 말하면, 남자들은 새 집을 사 주거나 당장 그 호수로 우리를 데려가야 한다고 생각해요. 실은, 여자들이 열광하는 것처럼 보이지만, 정말로 뭔가를 해 달라고 요청하는 건 아니거든요. 그냥 말로만 그러는 거지요.

마셜 그럼 저는 남자들을 좀 변호하고 싶습니다. 그리고 남자만 그런 건 아니지요. 다른 사람에게 어떤 말을 하고 나서 무엇을 얻고 싶은지 말하지 않으면, 우리는 관계에 생각보다 큰 고통을 초래하게 됩니다. 상대방이 추측을 해야만 하거든요. ‘듣기 좋은 겉치레 말로 맞장구만 쳐 주면 되는 걸까? 아니면 정말로 다른 뜻이 있는 걸까?’

댈러스 공항의 터미널 사이를 연결해 주던 조그만 기차에서, 나란히 앉은 한 신사와 그 아내를 만난 적이 있는데, 그들이 꼭 그랬습니다. 저는 그분들 맞은편에 앉아 있었지요. 기차가 너무 느리게 가니까 남자가 잔뜩 초조해하면서 아내를 향해 말했습니다.

“내 평생, 이렇게 느린 기차는 처음 봐!”

이 말이 "저 집, 참 흥미롭지 않아요?"라는 말과 얼마나 비슷한지 봐 주세요. 그 말을 한 여자가 원한 건 무엇이었을까요? 이 남자가 원하는 건 무엇일까요? 우리가 해설만 늘어놓고 무엇을 원하는지 분명하게 말하지 않을 때, 그 말이 상대편에게 얼마나 큰 고통을 야기할 수 있는지를 그 남자는 몰랐습니다. 그러면 그 상황은 일종의 추측 게임이 됩니다. 우리가 말을 함으로써 무엇을 얻으려고 하는지를 알려면, 순간에 사는 의식이 필요합니다. 지금 이 순간에 온전하게 현존하는 의식 말입니다. 그 남자는 "내 평생, 이렇게 느린 기차는 처음 봐!" 라는 말밖에 하지 않았습니다.

제가 맞은편에 앉아서 그들을 지켜봤는데, 그 아내가 불편해하는 기색이 역력했습니다. 사랑하는 사람이 고통을 겪고 있는데, 그녀는 그 사람이 무엇을 원하는지 모르고 있습니다. 그래서 그녀는 다른 사람이 우리에게 무엇을 원하는지 모를 때 사람들이 흔히 하는 행동을 했습니다.

그녀는 아무 말도 하지 않았습니다. 그러자 그 남자는 대다수 사람들이 자신이 원하는 것을 얻지 못할 때 하는 일을 했습니다. 똑같은 말을 되풀이하는 것이지요. 마치 계속해서 말만 하면 원하는 일이 마술같이 이루어지기라도 할 것처럼요. 그러면 상대방의 머릿속이 까맣게 타들어간다는 사실을 깨닫지 못하고 말입니다. 그래서 그 남자는 다시 말합니다.

"내 평생, 이렇게 느린 기차는 처음 본다고!"

저는 그 아내분의 반응이 마음에 들었습니다. 그녀가 말했습니다.

"기차는 컴퓨터로 맞춤 운행되고 있어요."

그 말은 남자가 원한 대답이 아니었을 겁니다. 왜 그녀는 남편이 이미 알고 있는 정보를 주었을까요? 그녀는 해결사가 되어 상황을 개선하려 했습니다. 그녀는 무엇을 해야 할지 몰랐고, 그는 자신이 무엇을 원하는지 말하지 않음으로써 그녀의 고통을 가중시켰습니다. 그래서 그는 같은 말을 세 번째 되풀이합니다.

"내 평생, 이렇게 느린 기차는 처음 봐!"

그러자 그녀가 말합니다.

"도대체 내가 어떻게 했으면 좋겠어요?"

아시겠지만, 그 남자가 원한 것은 우리 모두가 매일 원하는 것입니다. 그걸 얻지 못하면 우리는 삶에 대한 의욕에 심각한 손상을 입습니다. 매일, 보통 하루에 한 번 이상 우리는 그걸 원합니다. 그리고 그걸 얻지 못할 때 우리는 큰 대가를 치릅니다. 그것을 원하고 있을 때 대체로, 우리는 그 사실을 알아차리지 못합니다. 그리고 그 사실을 알아차린다 해도, 그것을 요청하는 방법을 모릅니다. 비극입니다. 저는 그 남자가 원한 것이 공감이라고 확신합니다. 그는 아내가 자신의 느낌과 욕구에 연결하고 응답해 주기를 원했습니다.

혹시 그 남자가 NVC를 공부했더라면, 이렇게 말했을 겁니다.

"아이고, 내 평생 이렇게 느린 기차는 처음 봐! 내 느낌과 욕구가 무엇인지만 금방 좀 반영해 줄래요?"

그랬다면 그녀가 이렇게 대답했겠지요.

"당신은 정말로 짜증이 난 것 같군요. 그리고 기차가 좀 더 빨리 운행되기를 바라나 봐요."

"맞아요. 시간 안에 도착하지 못해서 비행기 시간에 늦으면, 티켓 비용을 추가로 더 물어야 할지도 모르잖아요."

"그러니까, 늦을까 봐 겁나고, 정시에 도착해서 돈을 더 지불할 필요가 없게 되기를 원하는 거죠?"

"그래요. (안도의 한숨)"

우리가 고통스러울 때에는, 그 고통에 연결하고 있는 다른 사람이 있다는 사실만으로도 대단히 중요한 의미가 있습니다. 그런 종류의 관심이 얼마나 큰 효과를 만들어 낼 수 있는지를 보면 정말 놀랍습니다. 그것이 문제 자체를 해결해 주지는 않습니다. 그러나 문제 해결 과정을 좀 더 잘 견딜 수 있게 해 주는 유대감을 제공합니다. 그런 연결의 느낌이 없을 때, 이 부부처럼 두 사람은 모두 처음보다 더 큰 고통에 빠지게 됩니다.

식사에 관한 쟁점들

참가자 F 마셜 선생님, 어젯밤에 제게 일어났던 일을 나누어도 될까요? 남편이 파트너 워크숍 둘째 날 밤에 참가하지 못해서, 저는 기분이 좋지 않았어요. 집에 밤 11시쯤 도착했고, 남편이 11시 5분쯤 베이커스필드 근처 버튼 윌로우에 있는 모텔에서 전화를 했어요. 저는 남편이 놓친 수업에서 무슨 일이 있었는지 이야기해 주었습니다. 그 모임에서는 먹는 일에 대한 토론을 했는데, 강박 섭식장애가 있던 제게 그 주제는 정말 중요했어요. 그런데 남편은 음식에 관해서는 저하고 얘기조차 하고 싶어 하지 않았어요. 먹는 문제로 제가 스스로를 죽이고 있다고 생각하는 터라, 너무 고통스러워서 말조차 꺼내고 싶지 않았던 거지요.

그래서 저는 선생님께서 하신 제안과, 워크숍에서 무슨 일이 진행되었는지를 남편에게 말해 주었습니다. 그러자 남편이 몇 년 만에 처음으로 털어놓더군요. 가르치는 일을 마치고 집에 와서 자기도 아이스크림을 먹는다는 사실을요. 가르치는 일이 잘 안됐을 때 찾아오는 감정들을 처리하기 위해서 말이지요. 그렇게 우리는 먹는 문제에 대해서 정말로 많은 공감을 주고받을 수 있었습니다. 우리 두 사람에게 먹는 일은 고통으로부터 도피하는 한 방편이었어요. 그러고 나서 드디어 연결할 수 있었어요……. 정말로 연결을……. 아몬드 모카가 먹고 싶었어요. 그래서 아몬드와 바삭거리는 과자가 든 초콜릿을 바로 머릿속에 떠올렸고, 그리고 생각했어요. 내가 정말로 원하는 게 뭐지? 사랑! 머릿속에서 플래시가 터지는 줄 알았어요. 저는 사랑을 찾고 있었던 거예요.

마셜 선생님은 남편과 어떻게든 연결되기를 바랐어요. 그런데 그 연결을 요청하는 법을 몰랐던 거죠. 예전에는 초콜릿이 다리 노릇을 해 주기도 했었겠지요.

참가자 F 맞아요. 정말 대단했어요! 우리는 한 시간 동안 장거리 통화를 했어요. 처음으로 서로에게 속마음을 열 수 있었어요.

마셜 그러니까, 이틀 밤 연속으로 진정한 연결을 경험하셨네요! 이제 선생님이 자기 자신과 NVC로 이야기 나눌 수 있도록 해 드리는 일이 남았습니다. '강박 섭식장애' 같은 것이 실제로 존재한다는 생각을 거둘 수 있게 말이죠. NVC에는 그런 말이 없습니다. NVC에는 판단이 없으니까요. 모든 판단은 다른 것을 비극적으로 표현한 말이라는 점을 기억해 주세요. NVC는 하나의 과정입니다. 우리가 스스로에 대해서 "나는 ~(이)다." 같은 말을 한다면, 그것은 한곳에 붙박인 사고입니다. 그 말은 우리를 상자에 가두고 자기충족적인 예언으로 이끌어 갑니다. 우리 자신이나 다른 누군가를 '무엇무엇이다'라고 생각할 때, 우리는 십중팔구 실제로 그렇게 되도록 행동하게 됩니다. NVC

에는 '~(이)다'라는 동사는 없습니다. "이 사람은 게으르다.", "이 사람은 정상이다.", "이 사람이 옳다."라고 말할 수 없습니다. '강박 섭식장애'를 NVC로 번역해 볼까요? 오늘 밤에 배운 네 가지 요소를 사용해 보세요.

참가자 F "내가 사랑이 필요하거나 스킨십을 원해서 먹을 때마다……"

마셜 어떤 느낌이 드나요?

참가자 F "음식이 나를 달래 주는데, 뭐랄까, 왠지……"

마셜 "나는 좌절감을……?"

참가자 F "내가 욕구를 충족하지 못하고 있는 것에 대해 좌절감을 느낀다."

마셜 "내 욕구가 무엇인지 분명하게 알아서 그것을 충족할 수 있기를 정말로 원하기 때문에 좌절감을 느낀다."

참가자 F 네, 맞아요.

마셜 "그래서 나는 어젯밤 남편과 전화를 통해 한 일을 계속하고 싶다. 이제는 먹고 싶다는 충동을 느낄 때, 멈추고서 '내게 정말로 필요한 게 뭐지?'라고 나 자신에게 물어보기를 원한다." 자, 지금까지 "나는 강박 섭식장애야."라는 판단을 어떻게 나의 느낌, 충족되지 못한 욕구, 그리고 그와 관련하여 하려는 일로 번역할 수 있는지 알아보았습니다. 바로 이런 식으로 우리는 우리 자신과 NVC로 대화할 수 있습니다.

"내가 실은 다른 것을 원하는데 먹고 있을 때……" 이것이 첫째 단계인 관찰입니다. 자기가 하는 일을 자기가 보는 것이지요. 두 번째 단계에서는 자신의 느낌을 살핍니다. "나는 좌절감을 느낀다." 이어서, 세 번째 단계. "나의 충족되지 못한 욕구는 내가 정말로 원하는 것을 얻을 기회를 가질 수 있도록 그것과 연결하는 것이다." 그리고 마지막으로, 네 번째 단계. "나의 가장 멋진 꿈을 실현하기 위해, 이 일과 관련해 나는 무엇을 하기를 원하는가? 내가 먹고 싶어 한다는 것을 깨닫는 순간, 나는 멈추고 스스로 물어본다. '내게 정말로 필요한 게 뭐지?' 그런 다음, 내가 정말 필요로 하는 것과 연결한다."

이제 우리는 우리 자신이 무엇인지 규정하지 않습니다. 유동하는 과정에 더 가닿으려고 합니다. 그런다고 문제가 해결되는 것은 아닐 수도 있습니다. 하지만 자신이 무엇이라고 규정하지 않은 덕분에 알아차리게 되지요. 자신이 무엇을 느끼고 무엇을 원하며 무엇을 할 것인지를 말입니다. NVC로 사는 사람은 결코 자신을 '가치 있는 사람'이라고 규정하지 않습니다. 그런 식으로 규정하면, 자신이 '가치 있는 사람'인지 아닌지를 따지는 데 너무 많은 시간을 허비하게 됩니다. NVC-er는 자신이 어떤 종류의 사람인지를 고민하는 데 시간을 쓰지 않습니다. 그 대신에 매 순간 생각하지요. '나는 무엇인가?'가 아니라 '이 순간 내 안에 생동하고 있는 것은 무엇인가?'를 말입니다.

무엇을 원하는지 알아차리기

참가자 G 우리는 때로 혼자서 모든 일을 다 해 버리고, 다른 사람이 나를 위해 뭔가를 해 줄 때 얼마나 좋은 느낌이 드는지 알지 못한 채로 살아갑니다. 선생님께서 아까 다른 참가자에게 말씀하시는 걸 들으면서, 자기 자신의 욕구와 연결하는 일이 정말로 멋진 일이라는 생각이 들더라고요. 저 자신이 무엇을 필요로 하는지 몰라 이따금 좌절하곤 하거든요.

마셜 우리는 대개 무엇을 원하는지 모르고 살아갑니다. 무언가를 손에 넣고서 그게 우리 삶을 망쳐 버린 후에야, 사실은 그걸 원한 게 아니었음을 알게 되지요. 아이스크림이 먹고 싶어 사 먹고 나서야 후회하면서 그것을 원한 게 아니었음을 깨닫게 되는 것처럼 말입니다. NVC로 사는 사람에게 이 문제는 무엇이 옳고 그른지를 아는 차원의 문제가 아닙니다. 삶의 언어를 사용하려면, 사고보다는 직관을 바탕으로 원하는 것을 선택하는 용기가 필요합니다. 그건 충족되지 못한 욕구와 연결해서 그에 대해 무엇을 하고자 하는지를 선택하는 일입니다.

참가자 G 제가 과하게 행동하는 사람이라는 생각이 드네요.

마셜 방금 스스로에게 꼬리표를 붙이셨어요.

참가자 G 저는 사람들하고 연결하고 싶어서 그들을 위해 여러 가지 일들을 하면서 동분서주하는 편이거든요. 가끔은 저한테 그런 걸 기대하지 않는 사람들을 만나는데, 그러면 기분이 참 좋아요. 그렇지만 곧바로, 사실은 받고 싶은데 나를 끼워 주지 않으려고 그러는 게 아닌지 궁리하기 시작합니다.

상대가 받으려 하지 않을 때

마셜 그건 아마도 그분들이 살아오면서, 자신을 위해 무언가를 해 주고 나서 청구서를 보내온 사람들을 많이 만나 봤기 때문일 거예요. 그 청구서가 두려워서 선생님도 믿지 않는 거지요. 다른 방식으로 줄 수 있다는 걸 알지 못하는 겁니다. 자신을 돌보기 위해서가 아니라 가슴에서 우러나서 주는 사람들이 있다는 걸 말이죠.

참가자 G 제가 가슴에서 우러나서 주고 싶었다는 점을 분명하게 전달할 수 없어서 슬프네요. 이렇게 말해 볼 수도 있었을 것 같아요. "저를 드릴 수 있는 기회를 주시지 않은 점이 슬픕니다."

마셜 거기에서 멈춘다면, 우리는 기차 탄 남자로 돌아가게 됩니다.

참가자 G 이렇게 덧붙이면 어떨까요? "그럴 기회를 주실 수 있는지 말씀해 주실래요?"

마셜 좋아요. 선생님이 그 부분을 덧붙여 주셔서 기쁩니다. 선생님은 사람들을 위해 무언가를 해 주고 싶고, 사람들이 그 선물을 편하게 받았으면 해서 슬픈 거지요.

참가자 G 맞아요. 정말 간단하네요.

우리, 싸우는 건가요?

참가자 H 여자 친구랑 대화를 나눠 보려고 하는데, 그 친구가 자기는 싸우고 싶지 않다고 말할 때 좌절감을 느껴요. 제가 느낌과 욕구를 표현해 보려고 애를 쓰면, 그녀는 제가 말다툼을 한다고 생각해요. 자기는 아이(항상 그녀 곁에 있는) 앞에서 싸우고 싶지 않다고 말하면서요.

마셜 그렇죠. 참 힘든 경우죠. 우리를 말싸움에서 이기려고 기를 쓰는 사람으로 보는 사람들에게, 그렇지 않다는 걸 설득하기는 참 어려워요. 누군가가 틀렸다고 말하지 않으면서 자신의 느낌과 욕구를 표현할 수 있다는 아이디어는, 판단하는 사고방식을 가진 사람들에게는 참 낯설거든요.

참가자 H 심지어 제가 자기에게 공감해 주려는 순간에도 여자 친구는 제가 말싸움을 한다고 생각해요. 정말 힘든 순간이죠. 그녀가 무엇을 느끼고 무엇을 원하는지 추측하려고 노력하고 있는데, 그 사람은 제가 '싸우고' 있다고 보는 거예요.

마셜 선생님이 자기를 판단하도록 하고 싶지 않아서 그럴 거예요. 일단 선생님이 한 말을 인정하거나 자기의 약한 면을 내보이면, 선생님이 자기를 제압하면서 그런 느낌과 욕구를 갖는 게 잘못이라고 말할까 봐 겁을 내는 거지요.

참가자 H 음, 자기는 그런 문제를 다루고 싶지 않다는 거예요. 삶에서 무거운 문제들 말고 그냥 좋은 부분만 다루고 싶다는 게 그녀가 말하는 이유입니다.

마셜 그렇군요. 인생에 그토록 언짢은 문제가 많은데 왜 하필 또 불편한 일을 이야기하느냐는 거겠지요.

참가자 H 맞아요.

마셜 저희 아버님께서 제 워크숍에 처음 오셨을 때 똑같은 말씀을 하셨어요. 삶을 그런 식으로 보는 사람들에게는 그 말이 사랑스러운 메시지가 될 수도 있겠지요. 그런데 워크숍에서 아버님은 충격을 받지 않을 수 없었어요. 그룹의 모든 사람들이, 자기 아버지가 느낌과 욕구를 표현해 줄 수만 있다면, 아픔을 느끼더라도 그 표현을 선물로 받아들일 수 있다고 분명히 말했으니까요. 아버님은 그런 말을 처음 들어 봤습니다. 그 이후로 저희 아버님의 내면에서는 엄청나게 근본적인 변화가 일어났습니다.

고통스러운 감정에 관해 말하는 것을 부정적이고 불쾌한 경험이라고 생각하는 사람이 많은 것은 분명합니다. 그것을 죄책감 게임이나 처벌 같은 종류의 일들과 결부시키기 때문이지요. 사람들은 그것을 NVC 댄스의 한 부분으로 보지 않습니다. 고통스러운 감정에 관해 말하는 일이 얼마나 아름다울 수 있는지를 모릅니다. 제가 처음으로 책을 썼을 때 긍정적 느낌 목록과 부정적 느낌 목록을 넣었어요. 그러고 나서 사람들이 부정적 느낌을 얼마나 부정적으로 생각하는지 알게 되었지요. 저는 그러고 싶지 않았기 때문에, 다음 개정판을 낼 때 '긍정적'과 '부정적'에 따옴표를 넣었어요. 하지만 따옴표가 도움이 되지는 않았습니다. 지금은 '욕구가 충족되었을 때 느낌'과 '욕구가 충족되지 않았을 때 느낌'이라고 씁니다. 둘 다 삶에 대해 이야기하고 있기 때문에 둘 다 소중하다는 것을 보여 주기 위해서입니다.

친구분에게 이 점을 설득하려면 작업을 좀 해야 합니다.

마셜(여자 친구 역할) 이봐요, 나는 싸우고 싶지 않아요. 세상에는 불쾌한 일이 수두룩해요. 왜 우리는 즐거운 저녁 시간을 보내며 텔레비전도 보면서 서로를 즐길 수 없는 건가요?

참가자 H(NVC-er 역할) 그러니까, 당신은 짜증이 나나요……?

마셜(여자 친구 역할) 또 시작이네! 늘 감정 타령!

참가자 H (말문이 막혀) 어, 어.

마셜 (청중이 웃음을 터뜨리자) 악당이 당하는 꼴을 보니, 참 즐겁지요?

마셜(여자 친구 역할) 당신이 이러는 건 견딜 수 없어요! (말하고 나서 다른 방으로 가면서 문을 쾅 닫는다.)

참가자 I 그녀가 저를 향해 수많은 말 펀치를 날리고, 저는 녹다운되어 카운트를 기다리고 있겠죠. (웃음)

마셜 열까지 셀게요! 좋아요. 이제 선생님이 여자 친구 역할을 하면서 그 말들을 날려 보세요.

● **이제부터 역할을 바꾸어서, 참가자 I(여성)가 여자 친구 역할을 하고 마셜은 NVC-er인 남자 친구(참가자 H) 역할을 한다.**

마셜(NVC-er 남자 친구 역할) 그러니까, 당신이 정말로 말하고 싶은 건…….

참가자 I(여자 친구 역할) 그만! 그만! 나한테 그런 말 하지 말아요. 난 정말 그런 말이 싫어요.

마셜(NVC-er 남자 친구 역할) 난 정말 낙담스러워요. 왜냐하면 나는…….

참가자 I(여자 친구 역할) 왜 당신은 마냥 좋은 남자가 될 수는 없는 거죠? 같이 있는 게 즐거운 그런 남자 말이에요. 이런 건 잊어버리고 그냥 사랑만 하자고요!

마셜(NVC-er 남자 친구 역할) 그러니까, 당신은 우리가 함께 보내는 저녁 시간이 밝고 편안하기를 바라는 건가요? 그저 서로를 즐기기만 하면서요?

참가자 I(여자 친구 역할) 그래요.

마셜(NVC-er 남자 친구 역할) 나도 우리 관계에서 그 부분을 좋아해요. 그리고 그건 우리가 모든 일을 다룰 수 있을 때 온다는 걸 알아요. 나는 진심으로 웃고 싶고 또 진심으로 눈물 흘리고 싶어요. 그중에 절반을 잘라 내 버리면, 다른 절반도 사라져 버리는 거예요. 중요한 건 그거예요. 내 말을 들은 대로 말해 줄 수 있나요?

참가자 I(여자 친구 역할) 또다시 느낌 타령을 하면서 우울 모드로 빠져드는군요. 그런 얘긴 듣고 싶지 않아요!

마셜(NVC-er 남자 친구 역할) 그러니까, 당신은 그런 우울한 느낌에 빠져드는 게 정말로 두렵고, 거기서 벗어나고 싶다는 거지요?

참가자 I(여자 친구 역할) 네. 그리고 아이가 곁에 있는 이 저녁에 우리가 싸우는 걸 정말 원치 않아요.

마셜(NVC-er 남자 친구 역할) 우리가 싸우게 될까 봐 두려워요?

참가자 I(여자 친구 역할) 제발 그만해요!

마셜(NVC-er 남자 친구 역할) 아이가 없을 때 이 얘길 계속해 보는 건 어떨까요?

참가자 I(여자 친구 역할) 좋아요. 원한다면 점심 때 다시 만날 수 있어요.

● 점심시간

마셜(NVC-er 남자 친구 역할) 어떤 느낌인지와 상관없이, 모든 느낌은 정말로 긍정적일 수 있다는 걸 당신이 알았으면 좋겠어요.

참가자 I(여자 친구 역할) 그런 얘긴 듣고 싶지 않아요……. 또 워크숍 다녀왔어요? (웃음) 나는 삶에서 긍정적인 일들에 집중하고 싶어요. 힘든 느낌들을 꺼내고 싶지 않다고요. 그냥 좋은 일들만 즐기고 싶어요.

마셜(NVC-er 남자 친구 역할) 당신은 정말로 인생을 즐기고 싶고, 부정적인 얘기에 빠져 있고 싶지 않다는 말이죠?

참가자 I(여자 친구 역할) 맞아요. 삶에서 그런 얘기는 정말 싫어요. 오늘 에밀리한테 무슨 일이 있었는지 알아요? 아들을 태우러 갔는데 애가 없더래요. 처음에는 이웃에 사는 벨라랑 집으로 갔나 보다고 생각했대요. 그런데 한 애가 점심시간에 아들이 처음 보는 남자랑 학교에서 나가는 걸 봤다는 거예요. 에밀리 마음이 어땠을지 상상이 되지요? 특히 2년 전에 조카한테 닥친 일을 생각해 봐요. 기억나죠? 당신한테 말한 거 같은데, 에밀리 여동생이 그때…….

마셜(NVC-er 남자 친구 역할) 끼어들어서 미안한데, 그런 이야기를 듣는 게 무서웠다는 말인가요?

마셜 제가 무엇을 했는지 보셨나요? 여자 친구가 제가 듣고 싶은 말보다 더 많은 말을 해서 제 에너지가 떨어지기 시작했을 때, 그 순간 그녀의 말 뒤에 있는 느낌과 연결하기 위해 NVC 스타일로 끼어들기를 했습니다. 말할 기회를 빼앗아 오기 위해서가 아니라, 대화에 생기를 불어넣으려고 한 행동이었지요. 앞에서도 말씀드렸다시피, 제가 지루하다면 상대편도 지루할 거예요.

그러니까, 이 행동은 저에게도 상대방에게도 도움이 됩니다.

마셜(NVC-er 남자 친구 역할) 그게 당신한테는 정말 겁나는 일이었다는 얘기지요?

참가자 I(여자 친구 역할) 네, 그 애가 차도로 뛰어들었을지도 모르고…….

마셜(NVC-er 남자 친구 역할) 매 순간 우리 모두가 생명을 잃을 수도 있다는 걸 보는 일이 정말로 겁나는 거지요?

참가자 I(여자 친구 역할) 나한테 그런 말 더는 하지 말아요. 그냥 애가 차도로 나갔고 걔 엄마가 뒤쫓아 가서…….

마셜(NVC-er 남자 친구 역할) 끼어들어서 정말 미안해요. 우리 대화에서 바라는 만큼 연결되었다는 느낌이 없어서 초조해요.

참가자 I(여자 친구 역할) 알았어요. 어쨌거나 나는 가야 해요. 지금 아이를 데리러 가야만 한다고요. 학교가 곧 끝날 거라서…….

마셜(NVC-er 남자 친구 역할) 당신이 우리 관계를 지속하는 데 관심이 있는지 말해 줬으면 좋겠어요.

참가자 I(여자 친구 역할) 물론이죠. 당신도 알잖아요. 내가 당신을 얼마나 사랑하고 얼마나 같이 있고 싶어 하는지.

마셜(NVC-er 남자 친구 역할) 나는 우리 관계를 어떻게 지속할 수 있는지 정말 모르겠어요. 이 관계에서 얻고 싶은데도 얻지 못하는 것이 있거든요. 예컨대, 어떤 느낌에 관해 말하는 능력 같은 것 말이에요. 이 관계에서 당신이 원하는 것과 내가 원하는 것이 다르다면, 나는 그 지점이 분명해지기를 원해요. 그래야 NVC 방식으로 헤어질 수 있으니까요.

참가자 I(여자 친구 역할) (갑자기 NVC로 말하면서) 그러니까, 당신의 느낌과 욕구를 표현하고 싶어서 정말로 좌절감을 느끼나요?

마셜(NVC-er 남자 친구 역할) 그게 바로 내가 원하는 거예요. 그렇지만 당신이 필요로 하는 개인적인 관계가 어떤 건지는 모르겠어요.

마셜 그 정도 수준에서 관계 유지를 원하는 사람들이 있지요. 또, 그런 사람들에게도 그 수준에서 함께 있을 누군가를 찾을 권리가 있습니다. 그렇지만 정말로 그럴 수 있는 사람을 본 적은 없습니다. 그런 사람들은 제가 자신의 아픈 상처를 헤집으려 한다고 종종 오해합니다. 그들이 제 말을 오해했다는 걸 대개는 보여 줄 수 있습니다. 이 여자 친구는 그럴 여지를 주지 않아서, 제가 매우 영리해져야만 그럴 수 있을 것 같군요.

“싫어(No)!”를 듣는 법

참가자 J NVC란 자기 욕구를 제대로 이해해서 원하는 바를 잘 부탁하는 거잖아요. 그런데 그게 제 남자 친구한테는 통하지 않아요. 제가 원하는 걸 부탁하려고 입을 떼면, 그 사람은 곧바로 화를 내면서 토라져 버려요. 그러면 저는 좀 점잖게 굴라고 핀잔을 주거나, 아니면 ‘애초에 내가 왜 그런 말을 꺼냈을까?’ 하면서 후회를 하게 돼요.

마셜 사람들이 들으면 바로 야수로 변하게 되는 놀라운 말이 있어요. 들은 사람도 야수로 변하지만 말한 사람도 야수로 만들어 버리는 그 말은 딱 두 글자로 된 짧은 말입니다. 그 말이 뭔지 알아맞혀 보실래요?

참가자들 “싫어(No)!”

마셜 맞아요. 사람들이 이 말을 들을까 봐 얼마나 겁내는지를 보면 놀랍습니다. ‘상대방이 싫다고 하면 어쩌지.’ 하며 노심초사하느라 자신이 원하는 바를 부탁하기를 두려워합니다. 저는 우리를 괴롭히는 건 “싫어!”라는 말이 아니라고 말해 줍니다. 그러면 “아니요, 그 말이 맞아요. 저는 그 말이 정말로 두려워요.”라는 말을 듣게 되지요. 문제는 ‘싫어’라는 말이 아니라, 그 사람이 “싫어!”라고 할 때 우리가 스스로에게 하는 말입니다. 우리가 그걸 거절로 들을 때, 문제가 생깁니다. 거절은 아픈 법이니까요. 세상에, 거절이라니요. 물론 우리가 NVC 귀로 듣는다면 절대로 "싫어!"를 듣지 않습니다. "싫어!"는 우리가 원하는 일을 어설프게 표현하는 말일 뿐입니다. 우리는 어설픈 표현을 듣지 않습니다. 무엇을 원하는지만 듣습니다. 그러려면 연습이 좀 필요합니다.

마셜 (참가자 J를 향해) 남자 친구가 선생님에게 어떻게 "싫어!"라고 말하나요?

참가자 J 글쎄요. 제가 뭔가 부탁을 하면 그가 강하게 "싫어!"라고 하고 그러면 제가 또…….

마셜 그 에너지만 가지고도 문제가 뭔지 알겠어요. 여러분, 남자 친구가 무엇을 들었나요?

참가자들 강요.

마셜 그는 강요를 들었어요. 그런 에너지로 "싫어!"라고 말하는 사람들이 진짜 무서워하는 건, 자기 자율성을 빼앗기는 일입니다. 상대방이 원하는 일을 진짜로 들어주면, 거기에 빨려 들어가 자기가 원하든 원하지 않든 그 일을 하게 될까 봐 두려운 겁니다. 그러니까 누군가가 그런 식으로 "싫어!"라고 할 때, 그 사람이 우리의 부탁을 듣지 않았다는 점을 알아야 합니다. 그건 우리와는 상관이 없습니다. 그들은 강요를 듣느라 우리의 부탁은 듣지도 못했기 때문에, 그건 명백하게 거절이 아닙니다.

참가자 J 그래서 그 순간에 그 사람이 어떻게 느끼는지 추측하려고 애를 써 봤습니다. 그는 이렇게 말을 합니다. "나는 당신이 그냥 이해하기를, 무슨 말인지 알아듣기를 원해요. 이 따위 게임은 하고 싶지도 않고 할 필요도 없어요. 내가 원하는 건 그저 당신이 내 대답이 '싫어!'라는 사실을 알아듣는 거예요."

마셜(남자 친구 역할) 내가 자율성을 빼앗길까 봐 얼마나 무서운지를 좀 알아차리라고.

어떤 일을 할 때 선택할 수 있다는 사실이 너무나 중요합니다. 사랑하는 사람이 반드시 해라 혹은 하지 마라 해서 하는 게 아니라는 사실, 할 때까지 계속해서 다그치기 때문에 하는 게 아니라는 사실 말입니다. 가슴에서 우러나지 않는데도 해야만 하는 일에 시간을 낭비해야 할 때, 우리는 큰 두려움을 느낍니다. 그래서 두려움에 대한 반발로 행동하게 됩니다. 그때 이런 말을 하게 되지요. "그냥 좀 알아들으라고! 그냥 이해하라고. 나는 오늘은 이 일을 하고 싶지 않을 뿐이라고. 내 자율성을 보호해야만 한다고."

"나는 당신이 그냥 그게 무슨 말인지 알아듣기를 원해."라고 말할 때 남자 친구의 목소리 톤으로 보면, 그 사람은 심각한 '의존-멀미증'이나 '자율성-손상-우울증' 같은 증상에 시달리고 있는 것 같습니다. 그래서 그다음에 뭐라고 했나요?

참가자 J 그냥 기가 죽어서 잠자리에 들었어요. (웃음) 사실은, 소리치고 비명 같은 걸 질렀어요. "싫어, 정말 싫어, 진짜 싫어!" 화가 나서 정말로 맹렬하게 외쳤어요. "너무너무 화가 나." 그러자 그가 말했죠. "오, 좋아, 살아 있었네." (웃음) 그러고 나서는 말이 없어지더군요.

마셜 그 사람은 정말로 두려웠어요. 선생님으로부터 자신을 보호할 수 있을 것 같지 않으니까요. 선생님이 너무너무 날카로워져 있으니까, 자신을 보호하기 위해 물러나 버린 거죠.

참가자 J 그럴 때 저는 뭘 할 수 있나요? 그저 혼자 '모자 속으로' 들어가 자기 공감만 해야 하나요?

마셜 물론, 가장 중요한 건 이 일이 선생님과 관련된 일이라고 생각하지 않는 겁니다.

참가자 J 네, 그 점은 괜찮았어요.

마셜 그렇다면 누군가가 내 욕구에 대해 "싫어!"라고 말하는 상황에서 할 최선의 행동에 거의 근접한 겁니다. 가장 중요한 작업은 내 욕구에는 일말의 잘못도 없다는 점을 확실하게 아는 것입니다. 이 작업을 할 때에는 정말 빠르게 해야 합니다. 그 순간의 아픔이 너무나 강렬해서 실수를 범할 수 있거든요. 내 욕구가 그 사람을 그렇게까지 겁먹게 했다면 내 욕구에 뭔가 잘못이 있다고 여기기 쉬우니까요.

참가자 J 저는 단지 그 사람이 무엇을 원하는지 듣고 싶었던 것 같아요.

마셜 그 사람은 자신의 자율성을 보호하는 일에 온통 매달려 있어요. 그게 남자 친구분이 원하는 일입니다. 관계에서 안전하다고 느낄 수 있는 공간을 필요로 하는 거지요. 미처 준비되기 전에 어떤 일에 말려들지 않을 거라고 확신하고 싶은 거예요.

참가자 J 그럼 이제 조용하게 저 자신에게 공감할 수 있겠네요. 침묵 속에서 말이에요.

마셜 네. 제 아내 말에 따르면, 그런 사람은 대다수 남자들처럼 이 과제를 통과하기 위해 세 번 정도 다시 태어나야 할 겁니다. (웃음) 그러니까, 그동안엔 여자 친구들을 만나 상태가 더 나빠지지 않도록 도움을 받으세요. 언젠가 제 아내가 최고의 한마디를 남긴 적이 있어요. "당신은 바위 속에서도 강요를 읽어 낼 사람이야." (웃음) 제가 답했지요. "인정!"

이 말을 듣고 싶어요?

다시 참가자 | 그 사람이 '의존-멀미증'이나 '자율성-손상-우울증' 같은 증상을 보일 때, 저는 정말이지 절망스러워요. 사실은 내가 자기한테 어떤 행동도 강제로 하게 만들 수 없다는 걸, 그러니까 그런 문제는 전혀 걱정할 필요가 없다는 걸 그 사람이 알았으면 좋겠어요. 그 점만 믿을 수 있다면 우리는 훨씬 더 재미있게 지낼 수 있을 거예요. 제 아픔이 무엇인지 들리세요?

마셜 남자 친구분이 가까운 관계를 맺는 일을 얼마나 무서워하는지에 대해 선생님이 충분히 공감해 준다고 느껴져야 그렇게 될 거예요. 시간이 많이 걸릴지도 몰라요. 아마도 그런 다음에야 비로소, 욕구가 있지만 강요로 들릴까 봐 자기 욕구를 표현할 수 없어서 선생님이 얼마나 좌절감을 느끼는지를 이해하기 시작할 겁니다.

참가자 | 내가 자기한테 어떤 일도 강제로 시킬 수 없다는 사실을 이해했으면 좋겠어요. 제가 그걸 얼마나 간절히 원하는지를 그 사람한테 효과적으로 전달할 방법이 있을까요?

마셜 시도해 볼 만한 방법이 있습니다. 그분은 어떤 말도 강요로 들을 겁니다. 특히 침묵까지도 그럴 거예요. 그러니까 가볍게 비명을 질러 볼 수 있을 것 같아요. 선생님이 자기 욕구를 속에만 묻어 둔다면, 그분은 무거운 짐처럼 그걸 짊어지고 다닐 거예요. 오히려 하고 싶은 말을 수천 번 비명 삼아 질러 본다면 그분이 이해하게 될지도 모르지요.

참가자 I 그 사람한테는 아무 말도 하지 않고 혼자서만 내면 작업을 하는 게 좀 걱정이 됐어요. 내가 그 이슈를 회피한다고 생각할지도 모르니까요.

마셜 그렇지요. 자기 욕구를 말할 수 없을 때 정말로 고통스럽습니다. "내가 어떤 행동이나 말을 해 줘야 내 진심을 믿어 주겠어요? 당신을 아프게 만드는 어떤 일도 나는 원하지 않는다고요."라는 비명은 나쁜 게 전혀 아니에요. 그와 동시에 그분의 큰 두려움에 대해 공감해 주는 겁니다. 그분은 하라는 대로 하지 않으면 잘못이라고 비난하는 가족 안에서 자랐기에, 이 상황이 정말로 무섭습니다. 온갖 종류의 비난 게임을 거쳐 왔기 때문에, 그분이 선생님을 신뢰하려면 많은 시간과 인내가 필요합니다. 어떤 일도 강제로 시키지 않겠다고 말한다고 해서 신뢰가 생기는 건 아닐 겁니다. 과거에 경험한 공포 때문에 그분에게는 많은 공감이 필요합니다.

느낌과 욕구 표현하기

마셜 또 다른 질문이 있으신 분 말씀해 주시겠어요?

참가자 J 남자 친구가 전화를 해서 이런 말을 했어요. "안녕, 오늘은 갈 수 없어. 딸애 학교가 한 시 반에 마치거든. 당신과 좋은 시간 보내고 싶지만, 함께 있으면 내가 신경이 쓰여서 말이야."

마셜 그럼 선생님은 뭐라고 하나요?

참가자 J 제 느낌을 금방 알겠더라고요. 그래서 말했지요. "가슴이 아파요."

마셜 "가슴이 아파."

참가자 J 네, 그런데 제 욕구가 뭔지는 모르겠더라고요.

마셜 어떤 욕구가 있는지 말할 수 없었기 때문에, 그리고 느낌을 말하는 타이밍 때문에 판단으로 들을 여지가 생긴 것 같군요. 남자 친구분은 공감이 필요했어요. 그런데 상대방에게 들은 첫마디가 "가슴이 아파."예요. 싸움이 시작되기 좋은 시점인 거죠.

참가자 J 가슴이 아프다고 말하니까 그 사람이 "왜?"라고 묻더라고요.

마셜 여러 나라를 돌아다니면서 사람들에게 물어봤습니다. "어떤 메시지를 들었을 때 안전하다고 느끼기가 제일 어려운가요?" '왜'로 시작되는 질문이 첫 번째를 차지했습니다. 다른 사람들을 진짜 두려움에 빠뜨리고 싶으면 "왜?"라고 물어보시면 됩니다. "왜?"

참가자 J 저도 아무 말도 할 수 없었어요. 잠자코 있었더니, 남자 친구가 올 수 없는 이유를 줄줄이 늘어놓더군요.

마셜 이런 불쌍한 사람 같으니라고. 자멸의 길로 접어들었군요. 설명하고 정당화할수록 상대방에게는 공격으로 들린다는 사실을 모르고 있네요. 그래서 어떻게 되었나요?

참가자 J "가슴이 아픈 이유에 대해 생각 좀 해 봐야겠어."라고 말하고 나서, '몇몇 NVC 친구한테 전화해야지.'라고 속으로 생각했어요.

마셜 아……. 현명한 대응법이네요! 좋아요. 그러니까, 제가 잘 이해했다면, 선생님은 정말로 그분과 함께 있고 싶었던 거네요.

참가자 J 네.

마셜 그리고 남자 친구분의 욕구와 선생님 욕구가 서로 충돌하고 있었어요. 친구분은 "내게는 지금 당신의 욕구를 충족시켜 주는 일 말고 다른 욕구가 있어요."라고 말하고 있습니다.

참가자 J 맞아요. 논리적으로는 이해가 가요. 그런데 가슴에서는…….

마셜 머리로는 이해할 수 있어요. 그런데 가슴에는 아픔이 있어요. 그건 선생님이 무엇을 들었기 때문이지요?

참가자 J '당신은 나하고 같이 있고 싶지 않아.'라는 뜻으로 들은 거죠.

마셜 그렇지요. 거절로 들으셨어요. 삶을 참으로 비참하게 만들 수 있는 비법이지요. 다른 사람의 욕구가 선생님의 욕구와 충돌

할 때, 상대편이 "지금은 당신의 욕구를 충족시키는 일 말고 다른 일을 하고 싶어요."라고 말하면, 선생님은 그 말을 당신과 같이 있고 싶지 않다는 말로 들어요. "가슴이 아파요."라고 점잖게 답했지만요. 고백하건대, 저도 "싫어!"라는 말을 오랫동안 판단하는 귀로 들어 왔어요. "싫어!"를 NVC 귀로 듣는 것은 정말 어려운 일입니다.

좋습니다. 그런 상황에서 NVC 귀를 어떻게 쓸 수 있는지 배워 봅시다. 그것은 삶이 비참해지는 순간에 우리를 구해 줄 수 있는 방법이기도 합니다. 다른 사람의 욕구가 우리의 욕구와 다른 것을 거절로 듣는다면, 우리는 실제로 곧 거절을 당하게 됩니다. 욕구가 다를 때마다 거절을 듣는 사람하고 가까이 지내고 싶은 사람은 없으니까요. 그런 일은 정말 순식간에 일어납니다. 그러니까 NVC 귀로 듣는 법을 배우지 않으면, 실제로 다른 사람들을 밀어내게 됩니다. NVC 귀를 쓰는 건 쉽지 않은 일이지만 배울 만한 가치가 있습니다.

- **(마셜이 낡은 NVC 귀를 쓰자 청중 사이에서 웃음이 터진다. 마셜이 웃음에 말로 응답한다.) "마음이 아파." (웃음소리가 커진다.)**

참가자 귀가 제대로 작동을 안 하는군요.

마셜 아, 아! (훨씬 더 큰 웃음이 터져 나온다.) 네, 이 귀는 망가진 게 분명해요. 다른 귀를 써야겠어요.

자, 제가 이 귀를 쓰자마자 기적이 일어납니다. 지구상에서 거절이 사라져 버립니다. "싫어!"라는 말이 들리지 않습니다. "원하지 않아."라는 말도 들리지 않습니다. 판단과 비판이 지구상에서 사라집니다. 이제 저는 진실만을 듣습니다. NVC로 말하는 사람들에게 진실이란 이런 겁니다. 다른 사람들이 표현하고 있는 모든 것은 다 그 사람들의 느낌과 욕구입니다. 어떻게 표현하든, 사람들은 자신이 어떤지, 그리고 삶을 더 낫게 만들기 위해 무엇을 원하는지만을 말하고 있습니다. 누군가가 "싫어!"라고 말할 때, 그 말은 그 사람이 정말로 원하는 일을 우리에게 알려 주기 위한 궁색한 방편일 뿐입니다. 우리는 그 말을 거절로 들어 사태를 악화시키고 싶지 않습니다. 우리는 그들이 무엇을 원하는지만을 듣습니다.

여기 계신 몇 분은 저한테서 들어 보셨을 거예요. 남편에게 "나는 당신이 그렇게 많은 시간을 일하는 데 쓰는 걸 원치 않아요."라고 말한 여성이 있었습니다. 그러자 남편이 골프 토너먼트 경기에 등록했고, 그녀는 엄청나게 화가 났지요. (웃음) 아내는 남편에게 자신이 원하지 않는 일을 말했고, 남편은 NVC 귀를 쓰고 있지 않아 아내가 무엇을 원하는지 듣는 방법을 몰랐습니다. 만일 그녀가 자신이 원하는 것을 얘기했다면 일이 훨씬 쉽게 풀렸을 거예요. 혹시 남편이 NVC 귀를 가지고 있었다면, "나는 당신이 그렇게 많은 시간을 일하는 데 쓰는 걸 원치 않아요."라는 말을 들었을 때 이렇게 대답했을 겁니다.

남편 아, 그러니까 당신은 내가 잘 지내는지 염려되고, 내가 여가 시간을 좀 더 늘렸으면 좋겠어요?
아내 당신 얘기를 하는 게 아니에요. 당신이 지난 6개월 동안 아이들과 나랑 함께 보낸 시간은 달랑 이틀뿐이라고요.
남편 아, 그러니까 우리가 함께한 시간이 너무 적어서 정말로 실망스럽고, 적어도 일주일에 하루는 내가 당신과 아이들이랑 함께 있기를 원하나요?
아내 바로 그거예요.

보시다시피 NVC 귀로 들을 때, 우리는 상대방이 원하지 않는 것을 절대로 듣지 않습니다. 우리는 그 사람이 원하는 바를 분명히 말할 수 있도록 돕습니다. 우리가 원하지 않는 일만 분명히 하면 온갖 혼란을 불러일으켜 위험해집니다.
다른 사람들에게 무엇을 바라는지, 그리고 특히 그들이 내가 원하는 일을 해 줄 때 그 이유가 무엇이기를 바라는지가 명료해지면, 협박이나 처벌이 들어간 방법으로는 우리의 욕구가 충족될 수 없다는 사실이 분명해집니다. 우리가 부모이든 교사이든 혹은 다른 무엇이든, 우리의 욕구를 처벌로 충족할 수는 없습니다. 다른 사람이 나를 위해 어떤 일을 해 줄 때, 그것이 두려움, 죄책감, 수치심 때문이기를 원하는 사람은 아무도 없습니다. 조금이라도 의식이 있는 사람이라면 말입니다. NVC를 지향하는 우리는 알고 있습니다. 언제든 그리고 누구라도 두려움, 죄책감, 수치심에서 비롯한 행동을 한다면 모두가 잃게 된다는 사실 말입니다. 그래서 우리는 NVC 귀를 쓰고, 그 사람에게 공감을 해 줄 겁니다. 다시 해 보죠.

마셜(남자 친구 역할) 정말 갈등되는 일이 있어요. 나는 당신하고 함께 있을 때 온전하게 당신한테 집중하고 싶어요. 그런데 오늘은 딸한테 주의를 뺏기게 될 것 같아요.

참가자 J NVC로 하면 되죠?

마셜 네, 이 귀를 쓰세요. (마셜이 NVC 귀를 건네주고, 그녀가 그것을 쓴다.)

참가자 J(NVC 귀를 쓴 자기 자신) 정말 실망스러워.

마셜 아니, 아니에요. 이 가련한 남자는 공감이 필요해요.

참가자 J(NVC 귀를 쓴 자기 자신) 그러니까, 당신은 다른 일에 신경 쓰지 않고 온전하게 나랑 함께 있을 수 있을 때 정말로 나랑 좋은 시간을 보내고 싶다는 말이죠? 그런데 오늘은 딸이 학교에서 일찍 오는 날이라 딸에게 신경을 써야 하고요.

마셜(남자 친구 역할) 맞아요. 공감해 줘서 고마워요. 좋아하는 사람의 욕구를 단 한 번이라도 충족시켜 주지 못하면 그 사람이 그걸 거절로 받아들이고 곧바로 나를 거절하고 버릴 거라는 두려움이 나한테 실제로 있어요. 그래서 내 욕구가 당신의 욕구와 충돌한다고 당신한테 말하기가 정말 무서워요. 다른 사람이 원하는 일을 하지 않을 때 내가 원하는 사랑을 얻지 못하는 끔찍한 경험을 너무 많이 했어요. 그래서 내 욕구가 당신의 욕구와 부딪친다고 말하는 건 정말 큰 공포예요. 당신이 내 말을 "당신과 함께 있고 싶지 않다."라는 말로 들을까 봐 겁이 나요.

참가자 J(NVC 귀를 쓴 자기 자신) 좀 더 공감받고 싶은가요?

마셜(남자 친구 역할) 네, 좀 더 공감받고 싶어요.

참가자 J(NVC 귀를 쓴 자기 자신) 당신은 오늘 딸아이를 돌봐야 해서 나랑 함께 지낼 수 없을 것 같아 두려웠던 것 같아요. 그리고 나한테 그 얘기를 하면 함께 있고 싶어 하지 않는다는 오해를 받을까 봐 두렵기도 했고요. 사랑하는 사람의 욕구를 채워 주고 싶지만 당신 마음에 갈등이 있거나 그럴 수 없는 경우에, 상대방이 함께 있고 싶어 하지 않는다고 당신을 오해한 경험이 많이 있었나 봐요. 거절당한다고 느끼면 그들은 당신에게 벌을 줬어요. 그럴 때 당신은 죄책감과 수치심을 느꼈고요. 그들이 당신을 판단할수록 당신은 더 큰 죄책감과 수치심을 느꼈어요.

마셜(남자 친구 역할) 맞아요, 맞아요……. 이렇게 공감을 받으니 정말 기분이 좋아요. 딸내미 데리고 금방 갈게요! (웃음과 박수갈

채) 이제 당신이 가슴 아프다고 말할 때 그 얘기를 들을 수 있어요. 내가 먼저 공감을 받았으니까요.

참가자 J(NVC 귀를 쓴 자기 자신) 이제 내가 이 일에 대해 어떻게 느끼는지 듣고 싶나요?

마셜(남자 친구 역할) 네, 당신 느낌이 어떤지 듣고 싶어요.

참가자 J(NVC 귀를 쓴 자기 자신) 몹시 실망스러워요.

마셜(남자 친구 역할) 아, 미안해요. 당신을 실망시키려던 건 아니었어요.

마셜 자, 보세요. 이 사람은 다른 사람의 느낌을 책임지려 드는 자멸적인 성향이 몸에 뱄어요. 그녀가 실망스럽다고 말하자마자 바로 경계 상태에 들어갔지요. NVC 귀 없이 누군가가 고통스럽다는 말을 들으면, 사람들은 즉시 자기가 잘못을 저질렀기 때문에 뭔가 해야만 한다고 느낍니다. 그래서 이 사람은 NVC에 익숙지 않은 사람들이 제일 잘하는 행동을 하고 있습니다. 사과를 하는 거지요. "미안합니다."라는 말을 듣는 순간, 곧바로 판단이 올라옵니다. 그러면 이 남자는 오늘 딸과 함께 있는 게 왜 그렇게 중요한지, 듣기 싫은 변명만 잔뜩 늘어놓을 테지요. 당신은 공감을 한마디도 받지 못하고 그 모든 고통 속에 남겨지게 되고요.

마셜(남자 친구 역할) 미안해요. 당신을 실망시키려던 게 아니었어요. 그

렇지만 오늘만…… 어쩌고저쩌고……. 변명, 변명, 정당화, 등등. 휴우!! (웃음)

참가자 J 이제 공감할 시간인가요?

마셜 아니요, NVC로 비명을 질러요! 선생님은 이미 공감을 주었어요. 이제 받을 시간이에요.

참가자 J(NVC 귀를 쓴 자기 자신) 좋아요. 음, 지금 내 느낌이 어떤지를 당신과 나누고 싶은 욕구가 있어요.

마셜(남자 친구 역할) 네, 그건 중요한 일이에요.

참가자 J(NVC 귀를 쓴 자기 자신) 지금 내가 하고 싶은 일은 내게 어떤 느낌이 드는지 말하고, 그다음에 당신이 내가 한 말을 다시 나에게 말해 주는 거예요.

마셜(남자 친구 역할) 좋아요, 나는 잘 듣지 않는 아주 나쁜 버릇이 있어요. 잘 듣는 능력을 키울 수가 없었어요. 어머니가 잘 들어 주지 않는 분이었기 때문에, 그리고, 어, 알다시피……. (웃음)

참가자 J 다음번엔 이 사람 어머니한테 말해야 할까요?

마셜 아니요, 그냥 NVC로 비명을 지르세요.

참가자 J(NVC 귀를 쓴 자기 자신) 이 문제에 관해 당신에게 아픔이 있다는 이야기가 들려요.

마셜 아니요, 그 정도 공감도 주지 마세요. 그냥 NVC로 비명을 질러 보세요.

참가자 J(NVC 귀를 쓴 자기 자신) 내 욕구는 이 일에 대한 내 느낌과 욕구를 당신과 나누는 거예요. 그리고 내가 한 말을 듣고 나서 당신이 그 말을 들은 대로 다시 말해 주기를 정말로 원해요. 괜찮겠어요?

마셜(남자 친구 역할) 네. (마셜이 뭔가 몸동작을 짓는다. 참가자 J가 마셜에게 질문하는 동안 청중이 웃는다.)

참가자 J 마셜, 혹시 사전에 그 사람하고 얘기 나눈 적 있어요? (웃음소리가 더 커진다.)

마셜 그 사람 표현 방식을 완전히 꿰뚫어 버렸네요!

참가자 J(NVC 귀를 쓴 자기 자신) 당신이 나랑 같이 지낼 수 없을 것 같다고 말하는 걸 들을 때, 정말 실망스러워요.

마셜(남자 친구 역할) 알아요, 하지만…….

마셜(NVC 코치 역할) 쉬, 쉬, 그냥 그녀가 하는 말을 끝까지 들어 봐요.

마셜 우리는 때로 NVC 코치의 응급 도움이 필요하답니다.

참가자 J(NVC 귀를 쓴 자기 자신) 당신과 함께 보내는 날을 정말로 손꼽아 기다렸어요. 당신과 같이 있으면 즐겁고 너무너무 보고 싶었으니까요.

● **마셜이 자칼 인형(남자 친구)과 기린 인형(NVC 코치)을 가지고 대화를 시연한다.**

NVC 코치(기린) 여자 친구가 한 말을 다시 말해 줄 수 있나요?

남자 친구(자칼) 네, 그녀 느낌이 어떤지 이해해요.

NVC 코치(기린) 그분 느낌이 어떤지만 그냥 말씀해 주시겠어요?

남자 친구(자칼) 아뇨, 그녀가 옳아요. 그녀는 그렇게 느낄 권리가 있어요. 제가 정말 끔찍한 짓을 했어요. 함께 보내지 못할지도 모르는데 약속을 해 버렸잖아요. 정말 형편없는 짓을 했어요. 정말이지, 지독한 죄책감을 느껴요.

NVC 코치(기린) 지금 여자 친구분 말을 당신을 판단하는 말로 듣고 계십니다. 그게 친구분의 진심을 더더욱 모독하고 있다는 사실을 알고 계신가요?

남자 친구(자칼) 뭐라고요?

NVC 코치(기린) 다른 사람 말을 선생님이 잘못했다는 뜻으로 들으면, 그건 그 사람의 진심을 한 번 더 침해하는 일이 됩니다. 그러면 그 사람이 필요한 이해를 얻지 못할 뿐 아니라, 자신의 솔직함이 선생님에게 문제만 일으켰다는 느낌을 갖게 되기 때문입니다. 그저 마음속에서 일어나는 일을 말하려고 했는데 선생님이 그 얘기를 다 자기 잘못으로 받아들인다면, 앞으로 친구분은 솔직해지기가 점점 더 어려워지게 되겠지요.

남자 친구(자칼) 하지만 저는 NVC 귀를 쓰고 있지 않아서 그런지, 내 잘못이라는 말 외에는 어떤 말도 들리지가 않네요.

NVC 코치(기린) NVC 귀를 원하세요?

남자 친구(자칼) 네! (마셜이 판단하는 자칼 인형에게 NVC 귀를 씌워 주자 웃음)

남자 친구(NVC 귀를 쓴 자칼) 그러니까, 당신은 정말로 실망스럽군요. 왜냐하면 내가…….

NVC 코치(기린) 아니요, 귀를 제대로 쓰지 않았군요. 아니에요, 친구분은 이런저런 일 때문에 실망스러운 게 아닙니다. 그분의 느낌에 대해서 책임지는 걸 그만두고, 그냥 그분 마음속에서 무슨 일이 일어나고 있는지만 들으세요.

● 마셜의 대화 시연이 끝난다.

마셜(남자 친구 역할) 그러니까, 당신은 실망스럽군요. 왜냐하면 당신이 이 날을 손꼽아 기다려 왔기 때문이지요. 그리고 당신은 정말로 나랑 같이 시간을 보내기를 원했던 거죠?

참가자 J(NVC 귀를 쓴 자기 자신) 맞아요!

마셜(남자 친구 역할) (새로운 NVC 귀를 쓰고) 그게 당신이 정말로 고대했던 일이군요.

참가자 J(NVC 귀를 쓴 자기 자신) 네. 당신이 그렇게 말해 주니까 정말 듣기 좋아요!

마셜(남자친구 역할) 공감을 받으니까 정말 기분이 좋군요?

참가자 J(NVC 귀를 쓴 자기 자신) 네, 정말 기분이 좋아요.

마셜(남자 친구 역할) 그리고 당신은 내가 벌레처럼 느끼기를 원하지 않는 거죠?

참가자 J(NVC 귀를 쓴 자기 자신) 맞아요, 나는 당신이 자기 자신을 벌레처럼 느끼는 걸 원하지 않아요.

마셜(남자 친구 역할) 당신은 단지 이런 공감이 필요했을 뿐인가요?

참가자 J(NVC 귀를 쓴 자기 자신) 맞아요!

마셜(남자 친구 역할) 그리고 그게 내가 해야만 했던 일 전부인가요?

참가자 J(NVC 귀를 쓴 자기 자신) (더 부드러워진 목소리로): 네, 당신이 그걸 들어 줘서 정말로 감사해요.

마셜(남자 친구 역할) 세상에! 사랑받으려면 다른 사람들이 나한테 원하는 일을 전부 해내야 한다고 생각해 왔어요. 그런데 사람들이 나한테 원한 게 공감과 솔직함뿐이었다니……. 이건 정말 놀랍네요! 저와 함께 머물러 주셔서 감사합니다. 이 귀를 항상 쓰고 다녀야겠어요.

참가자 J(NVC 귀를 쓴 자기 자신) 정말 즐거울 거예요!

마셜 화가 나거나 방어적으로 되는 순간에 가장 먼저 할 일은, 우리가 상대방의 말을 듣지 않았다는 사실을 인정하는 겁니다. 우리를 이런 싸움에서 벗어나게 해 주는 것은 우리의 의식입니다. 우리가 다른 사람의 메시지에서 선물이 아닌 어떤 말을 듣는다면, 우리는 그 사람의 말을 듣지 않았다고 할 수 있습니다. NVC 귀가 떨어져 나가는 순간을 알아차려야 합니다. 화가 훌륭한 단서가 됩니다. 분노는 NVC로 사는 사람에게는 잠을 깨워 주는 모닝콜 같은 역할을 합니다. 화가 나거나 방어적으로 되거나 공격이나 강요를 듣자마자, 내가 상대편의 말을 듣지 않았다는 사실을 알아차립니다. 말하는 사람의 마음속에서 무슨 일이 일어나고 있는지와 연결하지 않고, 머리로 올라가 그들이 어떤 면에서 틀렸는지를 판단하고 있는 것이지요. 이 상황에서 NVC를 활용한다면, 최대한 빨리 입을 닫고, NVC 귀를 쓰고, 내 마음에 귀를 기울입니다. '판단하는 귀를 쓰고서 나 자신에게 상처를 입혔어. 이 일을 어쩐담?'

내 마음에 귀를 기울입니다. 나 자신에게 공감을 줍니다. 판단하는 귀를 쓰고 그 모든 말을 들음으로써 스스로를 얼마나 아프게 했는지를 봅니다. 그런 일이 일어났음을 알아차리고 나서, 입을 닫고, 머릿속에서 일어나고 있는 쇼를 즐깁니다. 영화 보기와 비슷한 일이죠. (웃음)

안심시키기

참가자 K "당신, 겁이 나는군요. 안심하는 게 필요한 것 같아요."라고 누군가를 공감해 주는 일과 실제로 그 사람을 안심시키는 일이 어떻게 다른지 알고 싶어요. 그 사람이 "그래요, 나는 정말 안심할 필요가 있어요."라고 말하면 어떻게 하지요?

마셜 만일 상대방이 안심하길 원한다고 말하고 내가 기꺼이 상대편을 안심시키는 어떤 일을 해 줄 수 있다면, 아무 문제가 없습니다. 그런데 상대방은 공감을 원하는데 안심시키려 하면 문제가 생깁니다. 예를 들어 볼까요? 언젠가 제 큰딸이 거울을 보면서 "나는 돼지처럼 못생겼어."라고 말하기에 제가 말해 주었습니다. "너는 하나님이 이 지구상에 내놓은 가장 멋진 피조물이야." 그러자 딸이 "아빠, 좀!" 하고는 방문을 꽝 닫고 나가 버렸어요. 저는 판단하는 사람으로 그 자리에 있었던 겁니다. 딸은 공감을 원했는데, 저는 제 욕구를 충족하기 위해 그 아이를 바로잡으려 했던 거지요. 제가 어떻게 했을까요?

'일 년 내내 공감을 설파하고 다니다가 막상 이런 일이 일어나면 잊어버리고 말지. "바로잡으려 하지 마세요. 그냥 거기에 존재하세요."라는 부처님 충고를 또 잊어버렸어.'

이렇게 스스로를 약간 판단한 후에 딸에게 가서 말했습니다.

마셜 네가 외모 때문에 얼마나 실망스러운지 들어 주기를 원했던 거야? 안심시키는 말을 듣고 싶었던 게 아니라?

딸 맞아요. 아빠는 항상 모든 걸 바로잡으려고 해요. (웃음)

마셜 인정.

공개적으로 말하기

참가자 L 저는 가끔 파트너의 느낌에 신경을 쓰는 것 같아요. 예전에는 커플들 모임에서 파트너가 사적이고 개인적이라고 여기는 얘기를 제가 종종 했었어요. 그런데 그 사람과 내가 다르다는 게 점점 분명하게 느껴지면서, 내가 말할 수 있는 일과 말할 수 없는 일 사이에 미세한 금이 생기곤 해요. 그래서 다른 사람들과 어울리는 모임에서 "그 일에 대해 얘기해도 괜찮겠어요?"라고 파트너한테 물어보는 게 적절한지, 혹시 너무 지나친 상호 의존은 아닌지 궁금합니다. 물어보면 가끔 그 사람이 안 된다고 하거나 얘기하지 않았어야 했다고 할 때가 있는데, 그때는 화가 나고 검열받는 느낌이 들어요. 제 질문이 이해가 되세요?

마셜 그런 것 같아요. 그러니까, 다른 사람들에게 이런저런 이야기를 할 때 파트너가 언제 편안해하고 언제 불편해하는지를 분명하게 알 수 없을 때가 있다는 말씀이지요?

참가자 L 네.

마셜 질문이 NVC 형식이 아니고 위험한 방향으로 가고 있네요. 제가 질문을 정리해서 NVC로 번역해 보겠습니다.『정신 의학의 혁명』이라는 책에서 인류학자 에른스트 베커(Ernst Becker)는 우울증은 인지적으로 대안을 찾을 수 없는 상태에 기인한다고 말합니다. 스스로에게 선생님 같은 질문을 하면 우리 머릿속은 대답할 수 없는 문제들로 가득 차게 된다는 뜻입니다. "그게 괜찮을까?" "그게 적절할까?" 이런 질문들은 대개 답할 수 없는 것들이기 때문에 머릿속에서 맴맴 돌게 됩니다. 제가 질문을 바꿔 볼게요. 선생님이 어떤 말을 하면 파트너가 불편해할 때가 있다는 말씀이죠? 그건 선생님이 그 이야기를 하면 안 된다는 의미는 아닙니다. 그것이 부적절하다는 뜻도 아니고요. 그저 그분이 그걸 좋아하지 않는다는 뜻입니다. 그냥 파트너분께 물어보시면 됩니다. "분명하게 알 수가 없어서 그러는데요. 내가 어떤 말을 하면 괜찮고 어떤 말을 하면 괜찮지 않은지 예를 몇 가지 들어 줄 수 있나요?"

마셜(파트너 역할) 글쎄, 분명한 건, 남들한테 말하기에 적절치 않은 일은 말하지 않았으면 한다는 거야. (웃음)

마셜 정서적 노예 상태, 얄미운 상태, 그리고 정서적 해방, 이 세 가지 상태의 차이를 분명히 알 필요가 있습니다. 정서적 노예 상태는 아시다시피 NVC와는 아주 동떨어진 상태입니다. 이 상태에 있는 사람은 다른 사람들이 적절하거나 옳거나 정상이라고 생각하는 모든 일을 해야만 한다고 생각합니다. 이런 사람들은 다른 사람들이 적절하다고 생각하는 일이 무엇인지에 관해 고민하는 데 일생을 바칩니다. 이건 정말 무거운 짐입니다. 예컨대, 한 사람이 어떤 일로 잔뜩 화가 나서 집에 온다고 합시다. 그게 무슨 일인지는 중요하지 않습니다.

파트너 되는 일이 하나도 없어서 정말 열 받아.

판단하는 사람 이리 와서 치킨 수프 좀 먹어 봐.

보시다시피, 무슨 일 때문인지는 중요하지 않습니다. 한 사람이 힘들어하자마자, 다른 사람이 종종걸음을 치며 그 사람을 보살펴야 한다고 생각합니다. 그랬던 사람들이 NVC 워크숍에 와서 이런 말을 듣게 된다고 합시다. "우리는 다른 사람의 느낌에 대해 책임이 없습니다." 제가 그 말이 무슨 말인지 완전히 다 설명하지 않거나, 우리가 무엇에 대해 책임이 있는지를 분명하게 말하지 못할 수가 있죠. 그러면 워크숍을 마치고 집에 가서 이런 대화가 이어질 수 있습니다.

파트너 나, 아직도 A 때문에 화가 나.
참가자 음, 그건 당신 문제잖아요. 나는 당신 느낌에 대해 책임이 없어요.
파트너 당신, 그런 건 어디서 배웠어?
참가자 NVC 워크숍에서 배웠어요.
파트너 내가 그 사람들 다 혼내 줄 거야! (웃음)

NVC 개념은 이렇습니다. 우리는 다른 사람의 느낌에 대해 책임이 없습니다. 그렇지만 "나는 당신의 느낌에 대해 책임이 없어."라고 말하면서 다른 사람에게 계속 맞설 필요도 없다는 점을 의식

합니다. 다른 사람이 무엇을 느끼는지 들으면서도 우리의 중심을 잃지 않을 수 있습니다. 그들이 무엇을 원하는지 들으면서 공감을 해 줄 수 있지만, 그들이 원하는 대로 다 할 필요는 없습니다. 우리가 필요로 하는 건 공감이지, 다른 사람이 포기하거나 항복하는 게 아닙니다. 상대방의 욕구를 듣고 존중한다는 것은 상대편이 부탁하는 일을 반드시 해야만 한다는 말이 아닙니다. 질문에 답이 되었나요? 아니면, 제가 딴 데로 빠져 버렸나요? 나의 욕구가 무엇인지를 아주 분명히 할 필요가 있습니다. NVC로 하지 않을 때, "~해도 될까요?" "~해도 괜찮을까요?"라는 말을 하게 됩니다. NVC로 사는 사람들은 절대로 다른 사람의 허락을 원하지 않습니다. 그럴 수 있는 힘을 다른 사람들에게 주지 않습니다. 내가 무슨 일을 해야 할지 말지를 다른 사람이 말하게 두지 않습니다. NVC로 하면 이렇게 말할 수 있을 겁니다. "이것이 제가 원하는 것입니다. 당신이 제 욕구를 듣고 어떤 마음이 드는지 알고 싶습니다. 제 욕구뿐 아니라 당신의 욕구도 알고 싶습니다. 당신의 욕구를 들었을 때 제 욕구를 포기하거나 당신 욕구에 복종하기 위해서가 아닙니다. 당신이 희생한 대가로 제가 득을 볼 수 없다는 것을 알고 있어요. 저에게 당신의 욕구는 제 욕구와 똑같이 중요합니다. 그리고 이 말은 제 욕구를 포기해야만 한다는 말이 절대로 아니라는 점을 분명히 인식하고 있습니다."

당신 곁에 있으면 나를 잃어버려요

참가자 M 질문 하나 더 드려도 될까요? 이런 말을 하는 사람들이 있잖아요. "저는 장기적인 관계를 감당할 수 없어요. 당신 곁에 있으면 저 자신을 잃어버리니까요. 저는 감정적으로 충분히 성숙하지 못했어요. 이제 보니 당신이 원한 대로 장기적인 관계를 시작한 게 실수였어요. 그렇게 빨리 사랑에 빠질 수 있다고 생각했던 게 제 잘못이에요." 그래서 제가 말했어요. "저는 여전히 당신 친구가 되고 싶어요." 그녀가 대답하더군요. "뭐라고 말해야 할지 모르겠어요."

마셜 네, 네, 그분은 사랑에 대해 NVC와 다른 개념을 배웠을 겁니다. 이런 거죠. "만약 당신이 정말로 누군가를 사랑한다면, 당신의 욕구를 부정하고 그 사람을 돌봐야 해." 그렇게 배운 사람은 친밀한 관계, 연인 관계에 들어가자마자 판단하는 인간으로 변합니다. 그 전에는 사랑스럽고 멋진 사람이었는데 말이지요. 이들은 겉으로는 NVC 옷을 걸치고 있기 때문에 가장 위험한 재판관들입니다. (웃음) 이 사람들은 관계의 초기 단계에서는 가슴에서 우러나서 줍니다. 주는 것을 즐기기 때문에 그건 쉬운 일입니다. 그들은 선을 넘기 전에는 준다는 생각을 하지 않습니다. 그 선이란 무엇일까요? 그것은 '저질러 버렸어.'라는 두려움을 느끼는 순간입니다. 그 사람들을 정말로 두려움에 떨게 만들고 싶다면, '헌신'이나 '진지한' 같은 말을 사용하면 됩니다. '진지한 관계'라는 생각이 들거나 '사랑'이란 말이 튀어나오자마자 끝장이 나는 겁니다. 진지한 관계라고 정의 내리는 순간부터 그들은 상대방의 느낌에 대해 책임이 있는 것처럼 느낍니다. 사랑을 보여 주려면 자기 자신을 부정하고 상대방을 위해 행동해야만 한다고 믿습니다.

이 모든 것들이 다음과 같은 말 뒤에 숨어 있습니다. "저는 당신과의 관계에서 저 자신을 잃어버려요. 그걸 참을 수가 없어요. 당신의 아픔을 보면 저를 잃어버리기 때문에, 저는 관계에서 벗어날 필요가 있어요." 어쨌든 그들은 관계에 대해 책임을 지려 합니다. 어린애 같은 사람이었다면, 모든 책임을 당신에게 돌렸겠지요. "당신은 너무 의존적이야. 당신은 바라는 게 너무 많아."라는 식으로요. 심각한 혼란에 빠진 그들은 자기 내면의 역동성을 알아차리지 못합니다.

마셜(파트너 역할) 이 관계가 너무 두려워서 마음이 닫혀 버렸어요. 당신이 뭔가를 필요로 하거나 조금이라도 힘든 게 보이면 제가 얼마나 고통스러운지 당신에게 말할 수 없게 되어 감옥에 갇힌 것 같아요. 숨이 막혀서 가능한 한 빨리 이 관계에서 벗어나야 할 것 같아요.

마셜(NVC-er 역할) NVC로 사는 사람으로서 그 문제와 관련해 해야 할 작업들이 많이 있지만, 저의 욕구나 사랑에 뭔가 잘못이 있다고 생각하지는 않습니다. 그런 생각이 안 좋은 상황을 더 어렵게 만드니까요. 제가 이 문제에 대해 책임을 질 필요는 없습니다. 제가 할 일은 당신 말을 진심으로 듣는 겁니다.

그러니까, 당신은 너무너무 무서운 거지요? 지금까지 우리가 나누어 온 진심 어린 보살핌과 사랑을 유지하기가 너무 힘들어서요. 그 일이 당신에게는 책임과 의무와 채무가 되어 버려서, 자유를 잃고 저를 보살펴야만 할 것처럼 느껴지는 거지요?

참가자 M(파트너 역할) 바로 그거에요! 정말 감옥 같아요. 숨을 쉴 수가 없어요.

마셜(NVC-er 역할) 제가 느끼는 고통이나 느낌을 들을 때면 당신 삶이 끝날 것 같다는 말이지요?

참가자 M(파트너 역할) 네! (한숨)

마셜(NVC-er 역할) 당신이 이 얘기를 해 줘서 정말로 기뻐요. 우리 관계를 연인이 아니라 친구로 정해 놓으면 더 안전할까요?

참가자 M(파트너 역할) 친구하고도 그래요. 제가 좋아하는 모든 사람들과의 관계가 다 그래요. 한번은 강아지하고도 그랬는걸요. (웃음)

마셜(NVC-er 역할) 세상에, 정말 딜레마 상황이네요. 이 상황에서 제가 느끼는 아픔을 표현하고 싶지만, 당신이 충격을 받을까 봐 그럴 수가 없네요.

참가자 M(파트너 역할) 네, 맞아요, 그럴 거예요. 당신이 조그마한 고통이라도 표현하자마자 저는 제 잘못이니 뭔가 해야만 한다고 생각할 거예요. 제 삶은 끝나 버리는 거죠. 당신을 보살펴야만 하니까요.

마셜(NVC-er 역할) 그러면 저는 속으로 이런 혼잣말을 하겠죠. '어휴, 공감을 하나도 받을 수 없다는 건 정말 고통스러운 일이야. 내 안에 살아 있는 느낌과 욕구를 받아 주는 누군가에게 선물이 되고 싶다. 욕구를 강요로 들으면 나는 정말 힘들어. 어떻게 하면 이 사람에게서 내가 필요로 하는 것을 얻을 수 있을지 모르겠네. 이 사람에게서 공감을 얻을 수 있을지 한 번 더 시도해 보자.'

뭔가 책임질 생각 하지 않으면서 제 말을 하나만 들어 줄 수 있나요?

참가자 M(파트너 역할) 무얼 말이에요?

마셜(NVC-er 역할) 제 느낌과 욕구를 당신에게 말하고 싶어요. 그러면 다른 말 말고 그 말만 들어 주셨으면 좋겠어요. 당신이 그것 때문에 뭔가를 해야만 한다는 말로 듣지 말아 주세요. 그냥 제가 말한 대로 다시 말해 주면 돼요. 기꺼이 그렇게 해 주시겠어요?

참가자 M(파트너 역할) 해 볼게요.

마셜(NVC-er 역할) 저는 정말 슬퍼요…….

참가자 M(파트너 역할) 미안해요. (웃음)

마셜(NVC-er 역할) 잠깐만요. 제가 말을 마칠 때까지 기다려 주세요. 그리고 제 말을 들은 그대로 반복해 주세요. 제 느낌과 욕구가 당신에게 위협이 아니라 선물이 되었으면 해요. 그래서 슬퍼요. 제 말을 들은 대로 다시 말해 줄 수 있나요?

참가자 M(파트너 역할) 제가 그렇게 강하게 말해서는 안 됐다는 거죠?

마셜(NVC-er 역할) 아니요. 당신이 뭔가를 해야 하거나 해서는 안 된다는 말을 하려던 게 정말 아니에요. 제게 어떤 느낌과 욕구가 있어요. 거기에만 집중해 주세요. 제 느낌과 욕구가 당신에게 선물이 되기를 바라기 때문에, 위협이 되기를 바라지 않기 때문에, 정말로 슬퍼요. 제 말을 들은 대로 말해 줄 수 있나요?

참가자 M(파트너 역할) 제가 당신을 슬프게 만들었다는 말이죠?

마셜(NVC-er 역할) 당신이 저를 슬프게 만드는 게 아니에요. 제 욕구가 저를 슬프게 해요. 그냥 그 말을 들어 줄 수 있나요?

참가자 M(파트너 역할) 다시 말해 보세요.

마셜(NVC-er 역할) 저는 몹시 슬퍼요. 왜냐하면 제 느낌과 욕구가 당신에게 위협이 아니라 선물이 될 수 있기를 정말로 바라기 때문에요.

참가자 M(파트너 역할) 당신은 슬픔을 느껴요. 왜냐하면 제가…….

마셜(NVC-er 역할) 아니에요!

참가자 M(파트너 역할) 왜냐하면 당신이……?

마셜(NVC-er 역할) 감사합니다.

참가자 M(파트너 역할) 왜냐하면 당신은 자신의 느낌과 욕구가 저에게 위협이 아니라 선물이 되기를 바라니까요.

마셜(NVC-er 역할) 그 말을 들어 주어서 고마워요. 이제 편안히 가세요. 그리고 언젠가 돌아와서 저를 있는 그대로 즐길 수 있기를 바랍니다.

부탁하기

참가자 M 그런데 할 말이 더 있어요. (웃음)

마셜 뭔가요?

참가자 M 저는 두려워요. 우리 두 사람이 여전히 연결되어 있다는 느낌을 갖고 싶거든요. 어떤 방법으로든 서로 연락을 주고받으며 살고 싶어요. 특별한 연인으로서 당신을 필요로 하지는 않지만, 우리가 서로 연결된 친구라고 느끼는 게 여전히 필요합니다.

마셜 방금 하신 데까지는 훌륭하게 잘하셨어요. 그러나 거기에서 멈춘다면 NVC가 아닙니다. 지금까지 선생님의 느낌과, 그녀와 계속 연결하면서 지내고 싶은 욕구가 충족되지 않는다는 점을 말씀하셨어요. 그런데 끝에 가서 상대방이 어떻게 하기를 바라는지 분명하게 말하지 않았어요. 상대편에게 그건 불에 기름을 붓는 격입니다. NVC 귀가 없는 사람에게 "친구로 지내요."라고만 하고 구체적으로 무엇을 해 주기를 바라는지 분명히 말하지 않으면, 그들은 또 이런 뜻으로 들을 겁니다. '당신은 나를 숨 막히게 하고 싶은 거지? 당신은 내가 당신 노예가 되기를 바라는 거지?' NVC로 말하지 않는 사람들에게는 아주 구체적으로 말해야 합니다. 이런 식으로 말해서는 안 됩니다. "당신이 저를 사랑하기를 원해요. 당신이 이해해 주기를 원해요. 저는 당신이 들어 주는 게 필요해요. 당신이 친구가 되어 주기를 원해요." 구체적으로, 그분이 선생님의 친구로서 정확하게 어떤 행동을 하기를 원하나요?

참가자 M 적어도 한 달에 한 번은 전화해서 당신이 어떻게 지내는지 물어보고 제가 어떻게 지내는지도 말해 주고 싶어요.

마셜 그렇다면 지금 당장 말해야 하는 건 이런 거네요. "제가 한 달에 한 번 안부 전화를 해도 되는지, 기꺼이 그럴 마음이 있는지 말해 줬으면 좋겠어요."

마셜(파트너 역할) 몇 분 동안요?

참가자 M 아, 일요일에 30분 정도요.

마셜 좋아요. NVC로 이만큼 구체적으로 말할 필요가 있습니다.

성차별주의 혹은 인종차별주의 다루기

참가자 N (목소리를 낮춰서) 여자는 결혼하면 음탕해진다고 말하는 사람이 있어요.

마셜 자, NVC가 없다면 우리는 재빨리 그 말을 성차별주의로 해석하겠지요. 하지만 그런 생각을 머릿속에 가지고 있으면, 그 사람이 우리 욕구에 더 민감해지도록 만들 수 있는 힘을 잃어버리게 됩니다. 누군가를 '성차별주의자' 혹은 '인종차별주의자'로 판단하자마자, 그런 말을 입 밖으로 내든 머릿속으로 생각만 하든, 우리의 욕구를 충족시킬 힘을 잃어버리게 됩니다. 그래서 뭐라고 하셨나요?

참가자 N 일단 잠시 멈추었어요. 화가 나서 무슨 말을 해야 할지 몰랐거든요. 그런 말은 성차별 발언이라고 말해 주지 못했어요. 잠시 멈추고서, 여성에 대해 그런 식으로 말하는 남자가 안고 있을 고통을 느껴 봤어요. NVC를 쓸 기분은 아니었고요.

마셜 선생님이 가진 NVC 에너지를 잠깐 멈추는 데 다 쓰셨군요. 그리고 NVC를 쓰지 않아도 된다고 스스로에게 허용하셨고요.

참가자 N 고개를 저으면서 말했어요. "여자도 음탕해질 권리가 있어요."

마셜 동의를 하고 계시는군요. NVC 하는 사람은 동의하거나 반대하지 않습니다. 자, 주의하세요. 절대로 다른 사람 머리까지 올

라가지 마세요. 거기는 추해요. (웃음) 머리에서 멀리 떨어져 있을수록 좋아요. 그 사람들 가슴으로 가세요.

마셜(남자 역할) 당신네 여자들은 결혼하면 전부 음탕해진다는 말이 사실인가요?

마셜(NVC-er 역할) (침묵)

마셜 이것이 잠깐 멈춤입니다. NVC-er는 지금 몹시 화가 나 있어요. 전에도 말씀드렸다시피, 화가 나면 들어야 할 말이 제대로 들리지 않는다는 사실을 의식합니다. 그래서 의자에 기대고 앉아 잠시 동안 자기 머릿속에서 일어나는 판단 쇼를 감상합니다.

마셜(NVC-er 역할) [내면 대화] 이놈의 성차별주의자 목을 비틀어 버리고 싶다. 이 따위 말에 정말 진절머리가 나. 내가 소중하게 여기는 가치에 대해 어쩜 이렇게 둔감할 수 있는지 정말 질렸어. 왜 여자라는 이유만으로, 일하면서 늘 이 따위 말에 시달려야 하냐고! 한숨. [내면 대화 끝]

마셜(NVC-er 역할) [표현된 말] 결혼 생활에서 갈등을 느끼는 일이 있나요? 그래서 그 일에 관해 이야기하고 싶은가요? (큰 웃음)

참가자 N 사실은, 그때 정말 그런 생각을 했어요. 그렇지만 함께 일하던 동료 송별 점심을 하는 자리였기 때문에 그 얘기를 꺼내지는 않았습니다.

마셜(남자 역할) 무슨 말이에요? 그냥 농담한 걸 가지고. 당신은 모든 일을 너무 민감하게 받아들여요.

마셜(NVC-er 역할) 그냥 재미 삼아 한 말이고 저도 그걸 즐길 수 있기를 바라나요?

마셜(남자 역할) 그렇죠.

마셜(NVC-er 역할) 음, 그게 저한테는 왜 쉽지 않은 일인지 말씀드리고 싶군요. 그런 말을 들으면 제가 얼마나 힘든지 말씀드리고 싶습니다.

마셜(남자 역할) 에이, 그렇게 민감하게 굴지 말아요.

마셜(NVC-er 역할) 제가 말을 마칠 때까지 기다려 주시기 바랍니다. 중간에 끼어들어 제가 하지 말아야 할 일에 대해 말씀하시기 전에요. 그렇게 해 주실 수 있나요?

마셜(남자 역할) 과민해요, 과민해! (웃음)

마셜(NVC-er 역할) 그러니까, 마음이 상하고, 제가 당신하고 가볍게 즐길 수 있기를 바라시는군요.

마셜(남자 역할) 네, 댁 같은 진보주의자들이 곁에 있으면 정말 골치가 아프다니까요.

마셜(NVC-er 역할) 그러니까, 선생님은 그냥 가벼운 농담 하면서 즐길 수 있기를 바라고, 말 한마디 한마디를 신경 쓰고 싶지는 않다는 말씀인가요?

마셜(남자 역할) 그래요.

마셜(NVC-er 역할) 저도 그러고 싶습니다. 하지만 그게 저한테 왜 그토록 괴로운지 일인지, 선생님이 이해해 주셨으면 합니다. 제 안에서 일어나고 있는 일에 대해 들어 주실 의향이 있는지 말씀해 주세요.

마셜 이제 그 남자를 교육하면 됩니다.

욕하면 어떻게 하나요?

참가자 O NVC로 사는 사람은 심한 욕설에 어떻게 대응하나요?

마셜 NVC에서 모든 욕은 충족되지 못한 욕구의 비극적 표현입니다. NVC로 사는 사람이 욕을 들으면, '이 사람이 원하는데 얻지 못하고 있는 것이 뭐지?'라고 자문합니다. 욕하는 사람들은, 비극적이게도, 욕이 아닌 다른 방식으로 욕구를 말할 줄 모릅니다.

욕하는 사람 당신은 너무 예민해!

NVC-er 내가 당신을 다른 방식으로 이해해 주면 좋겠어요?

욕하는 사람 당신은 내가 만난 사람 중에서 가장 이기적인 사람이야.

NVC-er 마지막 케이크 조각을 당신을 위해 남겨 두기를 바랐나요?

욕은 충족되지 못한 욕구의 비극적 표현일 뿐입니다. NVC로 사는 사람들은 정상/비정상, 옳은/그른, 좋은/나쁜 같은 건 존재하지 않는다는 사실을 알고 있습니다. 그런 말은 사람들을 왕의 지배 아래에서 살도록 훈련시켰던 언어의 산물입니다. 사람들을 높은 권위에 순종하도록 훈련하고 위계 구조에 굴종

하면서 적응하게 만들고 싶다면, 사람들로 하여금 머릿속으로 무엇이 '옳고', 무엇이 '정상이고', 무엇이 '적절한지' 생각하게 만드는 일이 아주 중요합니다. 그럼으로써 옳고 정상이고 적절한 것들을 규정하는 힘을 꼭대기에 있는 권위자가 독차지하게 하는 것이지요. 이런 일이 어떻게 일어났는지에 대해 더 알고 싶으시면, 제가 사회 변화에 관해 쓴 소책자를 보시면 됩니다.

그런 문화 안에서 성장한 사람은 이 비극적인 속임수에 놀아나게 됩니다. 가장 많이 상처 받고 가장 절실하게 원하는 것이 있을 때, 그들은 다른 사람을 욕하는 것 말고는 달리 그것을 표현할 줄 모릅니다.

우리는 NVC로 그 순환 고리를 깨고 싶습니다. 폭력의 원천은 고통스러울 때 그것을 분명하게 표현하는 법을 모르는 사람들입니다. 하버드대학교 갈등해결학과의 앤드류 슈무클러(Andrew Schmookler)가 쓴 『나약함으로부터』라는 책에 이런 말이 나옵니다.

"언어적인 것이든, 심리적인 것이든, 물리적인 것이든, 또 남편과 아내 사이에서든, 부모와 아이들 사이에서든, 국가 사이에서든, 모든 폭력의 기저에는 자기 내면에서 일어나는 일과 연결할 줄 모르는 사람들이 있다. 그들은 내면을 이해하는 언어 대신에, 저 바깥에 문제를 일으키는 악당들이 존재한다고 보는 언어를 배웠다."

그렇게 되면 국가 지도자들조차 다른 나라에 대해 이렇게 말할 겁니다. "저들은 악의 제국이다." 그러면 그 다른 나라 지도자 역시 이렇게 말하겠지요. "저들은 제국주의 압제자들이다." 이런 말들 뒤에 있는 고통, 두려움, 그리고 충족되지 못한 욕구를 보고 드러내는 대신에 말이지요. 이것은 매우 위험한 사회 현상입니다. 이것이 NVC로 사는 사람들이 어떤 욕을 접하든 그 뒤에 있는 고통과 욕구를 듣는 일에만 전념하는 이유입니다. 그것을 받아들이거나 어떤 식으로든 그에 대해 반응하지 않으면서 말입니다.

감사 표현하기

참가자 P 감사를 표현할 때 필요한 세 가지를 말씀해 주시겠어요?

마셜 칭찬이 아니라 감사를 표현할 때 필요한 세 가지를 말씀드릴게요. NVC에는 칭찬 같은 건 없으니까요. 칭찬은 고전적인 판단 기술입니다. 관리자들이 칭찬을 좋아합니다. 하루에 한 번 이상 칭찬을 해 줄 때 피고용인들이 업무 수행을 더 잘한다는 연구 결과를 말하면서요. 그런 효과는 피고용인들이 칭찬 안에 교묘한 조종이 들어 있다는 사실을 눈치채는 순간 끝납니다. NVC에서는 절대로 다른 사람에게서 어떤 결과를 유도해 내려고 감사하지 않습니다. 우리가 감사하는 이유는 오로지 축하하는 데 있습니다. 다른 사람이 한 행동 덕분에 우리가 얼마나 기쁜지를 알려 주고 함께 축하하는 것입니다. 그리고 그 일을 위해 세 가지를 표현합니다.

1. 우리가 감사하는, 다른 사람이 한 행동(아주 구체적으로)
2. 우리의 느낌
3. 충족된 우리의 욕구

NVC 연습에 필요한 세 가지

참가자 Q 마셜, NVC에 능숙해지는 데 필요한 세 가지를 말씀해 주시면 좋겠습니다.

마셜 우선, 좋은 소식은 우리가 완벽해질 필요가 없다는 겁니다. 비폭력대화는 우리한테 성자가 되라고 요구하지 않습니다. 그리고 인내심을 발휘해야만 되는 것도 아닙니다. 긍정적인 자존감을 가져야만 되는 일도 아닙니다. 심지어 정상적인 사람이어야만 되는 일도 아니라는 사실을 보여 드렸습니다. (웃음)

무엇이 필요할까요? 먼저, 최우선은 영적인 명료함입니다. 우리가 사람으로서 다른 사람들과 어떻게 연결되고 싶은지를 분명하게 의식해야 합니다. 안타깝게도, 우리는 역사와 진화의 과정에서 판단 중심의 사회에서 살아가고 있습니다. 테야르 드 샤르댕(Teilhard Chardin) 같은 사람 말에 귀를 기울여 보면, 사회는 NVC가 지향하는 방향으로 아주 빨리 나아가고 있습니다. 그는 수만 년 단위로 사고하는 고생물학자이니 그렇게 느낄 만도 하지요. 하지만 저로서는 그 속도가 영 성에 차지 않습니다. 그래서 저는 그 변화를 가속하기 위해 제가 할 수 있는 일을 합니다. 제가 우선하는 일은 저 자신에 대한 작업입니다. 저 자신이 NVC에 완전히 참여하게 될 때, 저는 세상을 돕고 있다고 생각합니다. 그러고 나서 남은 에너지를 다른 사람들이 NVC에 참여하도록 돕는 데 사용합니다. 따라서 가장 중요한 일은 영적인 명료함, 즉 우리가 다른 사람들과 어떻게 연결되기를 원하는지를 매우 분명하게 의식하는 일입니다. 저 같은 경우 매일 멈춰야 합니다. 두 번, 세 번, 네 번, 정말로 멈춥니다. 그리고 이 세상에서 다른 사람들과 어떻게 연결되고 싶은지를 스스로에게 상기시킵니다.

그걸 어떻게 할까요? 방법은 사람마다 다릅니다. 자신의 방법을 명상이라고 하는 사람도 있고, 기도라고 하는 사람도 있고, 멈추고 속도를 늦추는 일이라고 하는 사람도 있는데, 뭐라고 하든 괜찮습니다. 저는 매일 다른 방식을 시도하는데, 기본적으로 멈추고 속도를 늦추면서 머릿속에서 어떤 일이 진행되고 있는지를 살핍니다. 머릿속에서 판단이 흐르고 있나? 아니면 NVC가 흐르고 있나? 멈추고 거기에서 어떤 일이 일어나고 있는지를 바라보면서 속도를 늦춥니다. 제가 가장 좋아하는 희곡『천 명의 어릿광대』에 나오는 대사 한 줄을 떠올려서, "내가 의자가 아니라 사람으로 태어난 미묘하고 신비롭고도 중요한 이유"를 스스로에게 상기시킵니다. 따라서 가장 중요한 일은 영적인 명료함입니다.

둘째는 연습, 연습, 또 연습하는 것입니다. 제 경우 저 자신이나 다른 사람을 판단할 때마다 수첩에 적어 둡니다. 판단하도록 만든 자극이 무엇이었는지를 기록해 둡니다. 내가 무슨 행동을 했나? 다른 사람들이 무슨 말이나 무슨 행동을 했기에 내가 별안간 다시 판단으로 돌아간 것일까? 그리고 그 메모를 이렇게 활용합니다. 하루 중 시간을 내어 차분히 앉아 메모해 둔 목록을 바라봅니다. 그리고 그 순간에 내 안에 있었던 아픔에 대해 스스로를 공감해 주려고 합니다. 저 자신을 비난하지 않으려고 애를 씁니다. 내 속에 어떤 아픔이 있었기에 그런 식으로 말할 수밖에 없었는지, 그 아픔을 들으려고 노력합니다. 그런 후에 스스로에게 물어봅니다. '그 상황에서 내가 NVC를 사용할 수 있었다면 어땠을까? 상대방의 느낌과 욕구는 무엇이었을까?' NVC로 사는 사람은 완벽해지려고 하지 않기 때문에 실수를 즐깁니다. 우리는 완벽해지려는 노력의 위험성을 알고 있습니다. 우리는 단지 점점 덜 어리석어지려고 노력할 뿐입니다. (웃음) 우리가 점점 덜 어리석어지는 것을 목적으로 할 때, 실수하는 모든 순간은 축하할 이유가 됩니다. 그 순간이 우리에게 덜 어리석어지는 법을 배울 기회를 주기 때문입니다. 그러니, 덜 어리석어지는 법을 연습하고, 연습하고, 또 연습하세요.

셋째로, NVC 지지 공동체의 일원이 되면 정말로 도움이 됩니다. 우리는 판단하는 세상에서 살아가고 있기 때문에, 우리 주변에 NVC 세상을 창조하고 거기서부터 지금 당장 더 훌륭한 NVC 세상을 만들어 가는 일을 시작하는 것이 중요합니다. 그래서 저는 수많은 지역에 NVC 팀들이 있다는 사실에 대해 정말로 감사하고 있습니다.

사랑과 NVC

비폭력대화는 제가 사랑이라는 개념을 이해하고, 사랑을 어떻게 드러내고, 사랑을 어떻게 행할지 모색하는 과정에서 자라났습니다. 저는 사랑이 단지 우리가 느낄 뿐인 것이 아니라 우리가 드러내는 것, 우리가 행하는 것, 우리가 가지고 있는 것이라는 결론에 도달했습니다. 그리고 사랑은 우리가 주는 것입니다. 우리는 우리 자신을 특별한 방식으로 줍니다. 우리가 우리 자신을 벌거벗은 채로 솔직하게 드러낼 때, 어느 순간 우리 안에 살아 있는 것을 드러내는 일만을 목적으로 그렇게 할 때, 그것은 선물입니다. 비난하거나 비판하거나 벌주기 위해서가 아닙니다. 그저 "여기 내가 있습니다. 그리고 여기 내가 원하는 것이 있습니다. 이것이 이 순간 나의 연약함입니다." 저에게는 그러한 줌으로써 사랑이 드러납니다.

우리 자신을 주는 다른 방식은 다른 사람의 메시지를 어떻게 받아들이는지를 통해 드러납니다. 다른 사람의 말을 그 안에 살아 있는 것과 연결하면서 판단 없이, 공감으로 받아들이는 일은 또 하나의 선물입니다. 우리가 다른 사람 안에 살아있는 것과 그들이 원하는 것을 들으려고 노력할 때, 그 자체가 선물입니다. 따라서 비폭력대화는 내가 사랑이라고 이해하는 바가 표현된 것입니다. 그런 면에서 유대교와 기독교 개념인 "네 이웃을 너 자신처럼 사랑하라." 와 "판단받지 않으려거든 판단하지 마라."와 유사하다고 할 수 있습니다.

우리가 사람들과 이런 방식으로 연결할 때 어떤 일이 벌어지는지를 보면 정말 놀랍습니다. 이 아름다움, 이 힘이 우리를 사랑의 신성한 에너지와 연결해 줍니다. 신의 여러 이름 중 제가 선택한 이름이지요. 비폭력대화는 내 안에 있는 아름답고 신성한 에너지와 연결을 유지할 수 있게 도와주며, 다른 사람 안에 있는 그 에너지와도 연결할 수 있게 돕습니다. 이것이 제가 지금껏 경험한, '사랑'에 가장 가까운 것입니다.

맺으며

우리는 관계 속에서 우리 자신이 될 수 있기를 원하지만, 다른 사람도 존중하는 방식으로 그렇게 되기를 원합니다. 비록 다른 사람들이 우리를 특별히 존중하지 않는다 할지라도 말입니다. 우리는 다른 사람들과 연결하기를 바라지만, 그들의 거래 방식에 휘말리는 것은 원치 않습니다. 그렇다면 어떻게 이 두 가지를 할 수 있을까요? 매우 직설적으로 우리 자신을 표현함으로써 그렇게 할 수 있습니다. NVC는 매우 직설적인 언어입니다. 우리가 무엇을 느끼고, 우리의 욕구가 무엇이며, 다른 사람에게 무엇을 바라는지에 대해 매우 분명하게 소리 내어 말할 수 있습니다. 그렇지만 직설적으로 우리 자신을 표현할 때, 적극성을 폭력성으로 변질시키는 두 가지 일을 하지 않습니다. 먼저, 상대방을 비판하지 않으면서 우리 자신의 뜻을 주장합니다. 그리고 상대편에게 조금이라도 잘못이 있음을 뜻하는 어떤 말도 하지 않습니다. 잘못이라는 의미를 담은 수없이 다른 말들이 있지요. '부적절하다', '이기적이다', '둔감하다'같이 실제로 상대방을 어떠어떠하다고 구분하거나 분류하는 모든 말이 바로 그런 말들입니다.

우리는 NVC를 통해 내 안에서 무슨 일이 일어나고 있는지를 당당하게 말하는 법을 배웁니다. 그리고 다른 사람들이 어떤 행동을 해 주었으면 하는지를 아주 분명하게 말하는 놀라운 기술도 습득합니다. 그런데 우리는 이것을 강요가 아니라 부탁으로 사람들 앞에 내놓습니다. 사람들이 우리 입에서 비판이나 강요처럼 들리는 말을 듣거나, 그들의 욕구를 우리의 욕구만큼 소중하게 여기지 않는 것 같은 말을 들을 때, 다시 말해 우리가 우리 것만 얻으려 한다는 인상을 받을 때, 우리는 실패하게 됩니다. 그럴 때 상대편은 우리 욕구를 진심 어린 마음으로 고려할 수 있는 에너지를 잃어버리기 때문입니다. 에너지를 방어하거나 저항하는 데 거의 다 써 버리게 되니까요.

우리는 NVC를 말할 때 매우 당당해지기를 원합니다. 우리 안에서 무슨 일이 일어나고 있는지를 숨김없이 드러내고, 다른 사람들에게 무엇을 원하는지를 분명하게 말함으로써, 우리의 당당함이 상대방에게 하나의 선물이 되는 방식으로 말입니다.

인간의 기본적인 욕구에 대해 말씀드리고 싶습니다. 모든 사람이 보편적으로 느끼는 최고의 느낌은 우리에게 삶을 풍요롭게 할 수 있는 힘이 있음을 알게 될 때 느끼는 기쁨입니다. 저는 마음에서 우러나서 기꺼이 다른 사람들에게 주는 일을 즐기지 않는 사람을 한 명도 본 적이 없습니다. 기꺼이 다른 사람에게 주는 일은 상대방이 어떤 일을 강제로 시키려 하지 않는다는 신뢰가 있을 때 일어납니다. 저는 우리가 서로의 느낌과 욕구를 계속해서 나누는 NVC 댄스를 지속할 수 있을 때 그 일이 일어나리라는 희망을 가지고 있습니다. 그리고 제가 맺는 관계들 속에서, 이 장밋빛 철학은 상당한 검증을 통과하고 있습니다.

느낌말 목록

욕구가 충족되었을 때

•가벼운	•고마운	•기쁜	•든든한
•뭉클한	•뿌듯한	•생기가 도는	•신나는
•안심한	•자랑스러운	•즐거운	•충만한
•편안한	•평온한	•평화로운	•홀가분한
•흐뭇한	•흥미로운	•희망에 찬	•힘이 솟는

욕구가 충족되지 않았을 때

•걱정되는	•괴로운	•꺼림칙한	•낙담한
•난처한	•답답한	•당혹스러운	•두려운
•불편한	•슬픈	•실망스러운	•아쉬운
•외로운	•우울한	•절망적인	•조바심 나는
•지루한	•짜증 나는	•혼란스러운	•화나는

보편적인 욕구 목록

자율성 autonomy

- 꿈/목표/가치를 선택할 수 있는 자유
- 자신의 꿈/목표/가치를 실현하기 위한 방법을 선택할 자유

축하 celebration**/애도** mourning

- 생명의 탄생이나 꿈의 실현을 축하하기
- 잃어버린 것(사랑하는 사람, 꿈 등)을 애도하기

진정성/온전함 integrity

- 자기 존재에 대한 믿음
- 창조성 •의미 •자기 존중 •정직

몸 돌보기 physical nurturance

- 공기 •음식 •물
- 신체적 보호 •따뜻함
- 자유로운 움직임 •운동
- 휴식 •성적 표현 •주거 •잠

놀이 play

- 재미
- 웃음

영적 교감 spiritual communion

- 아름다움
- 조화 •영감
- 평화 •질서

상호 의존 interdependence

- 수용 •감사 •친밀함
- 공동체 •배려
- 삶을 풍요롭게 하기 위한 기여
- 정서적 안정 •공감 •연민
- 돌봄 •소통 •협력
- 나눔 •인정 •우정
- 사랑 •안심 •존중
- 지지 •신뢰 •이해

★ 위의 느낌과 욕구 목록에 자신의 것을 추가해 보십시오.

NVC를 적용하는 방법

말하기	듣기
상대방을 비난하지 않으면서 나 자신을 솔직하게 말할 때	상대방의 말을 공감으로 들을 때

관찰

상황을 있는 그대로 관찰하기 "내가 ~을 보았을(들었을) 때"	**상황을 있는 그대로 관찰하기** "네가 ~을 보았을(들었을) 때"

느낌

나의 느낌 "나는 ~하게 느낀다."	**상대방의 느낌** "너는 ~하게 느끼니?"

욕구/필요

나의 느낌 뒤에 있는 욕구/필요 "나는 ~이 필요(중요)하기 때문에……"	**상대방의 느낌 뒤에 있는 욕구/필요** "너는 ~이 필요(중요)하기 때문에……"

부탁/요청

내가 부탁하는 구체적인 행동 **연결부탁** "내가 이렇게 말할 때 너는 어떻게 느끼니(생각하니)?" **행동부탁** "~를(을) 해 줄 수 있겠니?"	**상대방이 부탁하는 구체적인 행동** "너는 ~를 바라니?"

CNVC와
한국NVC센터(한국비폭력대화센터)에 대하여

CNVC The Center for Nonviolent Communication

CNVC는 NVC를 배우고 나누는 일을 지원하고, 개인과 조직, 정치적 환경 속에서 일어나는 갈등들을 평화롭고 효과적인 방법으로 해결하는 것을 돕기 위해 1984년 마셜 로젠버그가 설립했다.

CNVC는 모든 사람의 욕구를 소중히 여기고, 삶이 가진 신성한 에너지와 연결된 의식 속에서 살아가는 사람들이 서로에게 즐거운 마음으로 기여하며, 갈등을 평화롭게 해결하는 세상을 지향한다.

CNVC는 지도자인증프로그램, 국제심화교육(IIT), NVC 교육과 NVC 공동체 확산을 위한 활동을 하고 있다. 현재 500여 명의 국제인증지도자들이 전 세계 70개국이 넘는 지역에서 활동하고 있다.

9301 Indian School Rd NE Suite 204

Albuquerque, NM 87112-2861 USA

website: www.cnvc.org / e-mail: cnvc@cnvc.org

한국NVC센터(한국비폭력대화센터)

모든 사람의 욕구가 존중되고 갈등이 평화롭게 해결되는 사회를 이루려는 꿈을 가진 사람들이 2006년 캐서린 한Katherine Singer과 힘을 모아 만든 비영리 단체이다. 한국NVC센터는 NVC 교육과 트레이너 양성을 통해 우리 사회에 기여하기 위해 설립되었다. 교육은 (주)한국NVC교육원에서 진행하고 한국NVC센터(NGO)는 NVC의 의식을 나누는 활동을 하고 있다.

한국NVC센터가 하는 일

• 교육(한국어/영어)

NVC 소개를 위한 공개 강의, NVC 1·2·3, 심화·지도자 준비 과정, IIT(국제심화교육), 중재교육, 부모교육, 놀이로 어린이들에게 NVC를 가르치는 스마일 키퍼스®Smile Keepers®, 가족캠프 등

• 외부교육

기업, 학교, 법원 등 각종 기관과 조직 안에 소통을 통한 조화로운 관계를 만들기 위하여 요청과 필요에 맞춰 교육과정을 제공한다.

• 상담(개인/부부/집단)

내담자의 느낌과 욕구에 공감하며, 더 행복하게 사는 데 도움이 되는 행동이나 결정을 내담자가 찾아 가도록 도와준다.

• **중재**

한국NVC중재협회를 통해 중립적인 위치에서 느낌과 욕구에 기반을 둔 대화를 도와줌으로써 모두의 욕구가 충족될 수 있는 방법을 찾아 가도록 한다. 현재 지방법원과 서울가정법원에서 조정위원으로 활약하고 있다.

• **연습모임 지원**

모임을 위한 장소를 대여하고 연습을 위한 정보와 자료를 제공한다. 현재 전국에서 48개의 모임이 진행되고 있다.

• **교재·교구 연구개발, 제작 및 판매**

• **번역, 출판 사업**

* 그 밖에도 비폭력대화의 확산을 위해 보호관찰소, 법원, 공부방 등과 탈북인을 위한 여러 가지 일을 하고 있다.

연락처
대표문의 nvccenter@krnvc.org 02-6291-5585
센터교육 nvcedu@krnvc.org 02-325-5586
외부교육(강사 문의) training@krnvc.org 02-6085-5585
출판 및 판매 book@krnvc.org 02-3142-5586
홈페이지 www.krnvc.org **Fax** 02-325-5587
주소 (03035) 서울시 종로구 자하문로17길 12-9(옥인동) 2층

한국NVC센터 발행 서적·교구

비폭력대화Nonviolent Communication

마셜 B. 로젠버그 지음 | 캐서린 한 옮김 | 한국NVC센터 | 18,000원

Nonviolent Communication: A Language of Life(3rd edition)의 번역서. NVC의 기본 개념, NVC 모델, 프로세스 등이 자세히 나와 있는 기본 텍스트다. 2004년에 나온 초판의 개정증보판으로, 디팩 초프라의 머리말과 '갈등 해결과 중재'를 다룬 제11장이 새로 추가되었다.

비폭력대화 워크북
Nonviolent Communication Workbook

루시 루 지음 | 한국NVC센터 옮김 | 한국NVC센터 | 16,000원

NVC 인증지도자인 루시 루의 개인과 연습모임을 위한 안내서. Nonviolent Communication Companion Workbook의 번역서로서, 기본 텍스트인 마셜 로젠버그의 《비폭력대화》에 맞춰 한 장 한 장 연습할 수 있도록 도와준다. NVC를 연습해 볼 수 있는 다양한 활동과 연습모임 리더에게 도움이 되는 제안 등이 담겨 있다.

갈등의 세상에서 평화를 말하다
Speak Peace in a World of Conflict

마셜 B. 로젠버그 지음 | 정진욱 옮김 | 캐서린 한 감수 | 한국NVC센터 | 12,000원

NVC의 원리를 적용해 자기 내면에서, 타인과의 관계에서, 그리고 다양한 사회조직 안에서 발생하는 갈등과 문제를 평화적으로 해결하는 방법을 알려 준다. 실제 사례와 연습 중심으로 구성된 실천 지침서.

삶을 풍요롭게 하는 교육Life-Enriching Education

마셜 B. 로젠버그 지음 | 캐서린 한 옮김 | 한국NVC센터 | 13,000원

교육 현장에서 교사와 학생들이 비폭력대화를 통해 자율성과 상호 존중을 배울 수 있는 학습 환경을 만들어 가는 방법을 보여 준다. 라이앤 아이슬러가 서문을 쓰고, P.E.T.의 토머스 고든이 추천하는 책이다. 교사들을 위한 비폭력대화.

크리슈나무르티, 교육을 말하다

Education and the Significance of Life

J. 크리슈나무르티 지음 | 캐서린 한 옮김 | 한국NVC센터 | 12,000원

독창적 사상가 크리슈나무르티가 '교육은 무엇인가?'라는 질문에 답한다. 잘못된 사회 구조와 가치관에 대한 순응, 두려움과 경쟁, 갈등과 비참을 부추기는 현대 교육의 문제점을 꼬집고, 통합적 자기 이해를 바탕으로 주위의 모든 것과 바른 관계를 맺도록 돕는 교육 본연의 모습으로 돌아가라고 촉구하는 교육론의 고전.

비폭력대화(NVC) 작은책 시리즈 ❶

자녀가 '싫어'라고 할 때 Parenting from Your Heart

인발 카스탄 지음 | 김숙현 옮김 | 캐서린 한 감수 | 한국 NVC센터 | 9,800원

부모와 자녀들에게 NVC가 실제로 어떻게 도움을 줄 수 있는지 소개하고 있다. 힘든 상황에서도 서로 신뢰를 쌓고 협력을 증진할 수 있는 방법을 제시한다.

비폭력대화(NVC) 작은책 시리즈 ❷

우리 병원 대화는 건강한가?

Humanizing Health Care

멜라니 시어스 지음 | 이광자 옮김 | 캐서린 한 감수 | 한국NVC센터 | 12,000원

환자를 더 잘 돌보고, 의료 기관에 종사하는 모든 사람들이 건강하기 위해서 병원의 권위적인 문화를 어떻게 바꾸어 나가야 하는지 자세히 알려 준다. 실제 병원에서 NVC가 가져온 효과를 보여 주고 있다.

비폭력대화(NVC) 작은책 시리즈 ❸

정말 배고파서 먹나요? Eat by Choice, Not by Habit

실비아 해스크비츠 지음 | 민명기 옮김 | 캐서린 한 감수 | 한국NVC센터 | 11,000원

NVC 프로세스를 적용해 음식을 먹는 패턴 뒤에 있는 정서 의식을 더 깊이 탐구할 수 있도록 도와준다. 음식과 더 건강한 관계를 맺는 실질적인 방법을 제시한다.

비폭력대화(NVC) 작은책 시리즈 ❹

비폭력대화NVC와 영성Practical Spirituality

마셜 B. 로젠버그 지음 | 캐서린 한 옮김 | 한국NVC센터 | 8,000원

비폭력대화의 영적인 기반에 대한 마셜 로젠버그의 간결하고 즉흥적인 설명을 담고 있다. 자신과 다른 사람 안에 있는 신성과 연결하고, 공감과 연민의 세상을 만들어 내기 위한 영감을 받을 수 있을 것이다.

비폭력대화(NVC) 작은책 시리즈 ❺

분노의 놀라운 목적The Surprising Purpose of Anger

마셜 B. 로젠버그 지음 | 정진욱 옮김 | 한국NVC센터 | 8,000원

분노는 우리 욕구가 충족되지 못하고 있음을 알리는 경보이고, 따라서 내면의 소중한 것들에 연결되도록 우리를 이끄는 선물이다. 마셜 로젠버그가 NVC 프로세스를 분노 다루기에 적용해 문제를 평화적으로 해결해 가는 방법을 알려 준다.

자칼 마을의 소년 시장Mayor of Jackal Heights

리타 헤이조그, 캐시 스미스 지음 | 페기 파팅턴 일러스트 | 캐서린 한 옮김
한국NVC센터 | 9,000원

비폭력대화의 개념을 동화로 표현한 작품이다. 서로의 차이를 인정하고 갈등을 평화롭게 해결하기 위한 비폭력대화의 핵심을 재미있게 표현하고 있다.

어린이를 위한 NVC 워크숍

스마일 키퍼스 1(5~10세)
스마일 키퍼스 2(11~15세)

나다 이냐토비치-사비치 지음 | 한국NVC센터 옮김
한국NVC센터 | 각권 18,000원

어린이들이 재미있는 놀이를 하면서 상호작용을 통해 정서적 안정을 유지하고, 갈등을 극복할 방법을 찾고, 의사소통 기술을 향상시키고, 자신감과 타인에 대한 신뢰를 키우고, 자신과 타인을 더 잘 이해할 수 있도록 돕는 32회의 워크숍 프로그램. 진행 방법을 자세히 안내해 교육 현장에서 바로 활용할 수 있게 구성되어 있다.

마셜 로젠버그 박사의 비폭력대화 입문과정 DVD

한국NVC센터 | 한글/영어 자막, 1세트 2DVD | 45,000원

마셜이 진행한 NVC 입문과정 워크숍The Basics of Nonviolent Communication을 녹화한 것이다. NVC를 처음 배우는 사람에게 훌륭한 기본교재일 뿐만 아니라, 이미 알고 있는 사람에게도 깊이 있게 이해하는 데 도움이 된다. 마셜이 기타를 치면서 노래도 하며 실제 사례를 들고 있어 재미있게 배울 수 있다.

NVC 카드게임 그로그(GROK)

한국NVC센터 | 28,000원

느낌카드 한 묶음, 욕구카드 한 묶음, 여러 가지 게임에 대한 설명서가 들어 있다. 자신의 욕구를 더 명확하게 인식하고, 쉽게 상대방에게 공감할 수 있으며, 모임에서 놀이하듯 활용할 수 있다. NVC를 모르는 사람, 특히 아이들과 NVC를 나누는 데 효과적이다.

NVC 느낌욕구 자석카드

한국NVC센터 | 45,000원

느낌 자석카드 50개, 욕구 자석카드 50개가 들어 있다. 어린이, 청소년들의 학교 현장, 각종 교육기관, 가정 등에서 자신을 솔직하게 표현하고 다른 사람에게 공감하는 것을 배울 수 있는 교육 교재로 교육, 상담, 놀이에 활용할 수 있다.

기린/자칼 귀 머리띠(Ears)
개당 10,000원

기린/자칼 손인형(Puppets)
개당 15,000원

손인형과 귀 머리띠 세트 (각 1개씩 총 4개 한 세트) 세트 40,000원

만해마을 집중심화 DVD(한국어 통역)

로버트 곤잘레스, 수잔 스카이

세트 250,000원(비참가자) 200,000원(참가자)
낱개 20,000원(비참가자) 15,000원(참가자)

2007년 5박 6일간 한국NVC센터 주최로
인증지도자인 로버트 곤잘레스와 수잔 스카이를 초청해서
진행한 집중심화 훈련을 DVD로 정리한 것이다.

1. 집중심화훈련 소개와 트레이너, 참가자 소개
2. NVC의 기본
3. Need에 대하여, Living Energy로 말하기
4. 공감에 대하여—수잔 스카이
5. 공감에 대하여—로버트 곤잘레스
6. 충족되지 않은 욕구의 아픔을 욕구의 아름다운 힘으로 바꾸기(시범)
7. 충족되지 않은 욕구의 아픔을 욕구의 아름다운 힘으로 바꾸기(실습)
8. 지배 체제와 파트너십 체제
9. Power-under와 Power-over(지배를 당하기, 지배하기)
10. 거절하기와 거절 받아들이기—수잔 스카이
11. 자극받는 말이나 행동—로버트 곤잘레스
12. 솔직하게 표현하기—수잔 스카이
13. 욕구가 갈등하고 있는 것처럼 보일 때—로버트 곤잘레스
14. Closing 1
15. Closing 2